# 1 MONTH OF
# FREE
# READING

## at
## www.ForgottenBooks.com

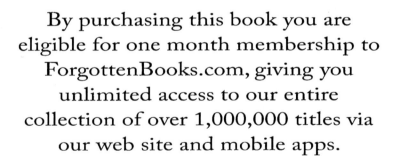

By purchasing this book you are eligible for one month membership to ForgottenBooks.com, giving you unlimited access to our entire collection of over 1,000,000 titles via our web site and mobile apps.

To claim your free month visit:
www.forgottenbooks.com/free1261541

ISBN 978-0-365-53931-5
PIBN 11261541

# BIOGRAPHIA
# POLITICO-LITTERARIA

DO

## VISCONDE DE ALMEIDA GARRETT

POR

### DOMINGOS MANUEL FERNANDES

Garrett, pela variedade dos seus escriptos, e pelo seu gosto maravilhoso em escolher os assumptos nacionaes, revestindo-os de formas portuguezas, não é só um poeta, é uma litteratura inteira.

Poetas d'este vulto, reinam sós e nunca deixam herdeiro.

*Rebello da Silva.*

O nome do visconde de Almeida Garrett, é tanto para atear o enthusiasmo em quem o escuta, como para infundir um respeitoso temor em quem o evoca.

Não se passa por diante d'essas figuras ou dos seus monumentos sem inclinar a fronte ou dobrar o joelho.

*Mendes Leal.*

## LISBOA
TYP. LUSO-BRITANNICA de W. T. Wood
MDCCCLXXIII

AO

Batalhão litterario que opera actualmente no campo das lettras portuguezas

Dedica e Consagra

O AUCTOR

# PREFACÇÃO

Vão já decorridos dezoito para dezenove annos, que desappareceu do seio dos vivos um dos homens que mais ennobreceram n'este seculo, a patria de Luiz de Camões.

Foi o nobre visconde de Almeida Garrett, soldado leal e esforçado da liberdade, escriptor distinctissimo, orador afamado, e poeta quasi digno de uma coroa de gloria, como aquella que ornou a fronte soberba do incomparavel cantor das glorias portuguezas.

Nós que sentimos ainda, o coração apertado entre as garras da vehementissima saudade d'este genio privilegiado, que a sepultura guarda, vi-

mos humildes e reverentes plantar-lhe, ainda que
fóra de tempo, na terra que o cobre, esta resse-
quida arvoresinha que sentimos brotar da alma,
aos bafejos da grande admiração que lhe tribu-
tamos.

- È a mais enfezada a mais parasita, e talvez a mais
ephemera que um seu irmão lhe podia offerecer, —
conhecemol-o de sobejo, — mas o que é livre de
toda a duvida, é que ninguem lh'a offereceria de
melhor vontade, se melhor a tivesse produsido.

Ainda tenho outra consolação; é a de dizer de-
sassombradamente que não foi a vaidade que me
levou a publicar estas memorias.

Evoquei o nome do poeta, para que os ama-
dores das bellas lettras o conservem na memo-
ria, e se dobrem respeitosos ante o legado glo-
rioso d'esse talento extraordinario, que foi ad-
mirado e applaudido por todos que o conheceram,
e altamente estimado por aquelles que lhe sabem
apenas aquelle nome famoso, e as joias de valor
incalculavel que depositou nas mãos da poste-
ridade, que se levantou inspirada, quando elle ba-
queou inerte no leito das existencias apagadas.

Faz tambem dezoito para dezenove annos que
o elegante prosador Luiz Augusto Rebello da
Silva, e o magnifico poeta Francisco Gomes de

Amorim, prometteram, publicar com a maxima brevidade, a biographia d'este illustre portuguez, que acabava de expirar nos braços do ultimo. Mas desgraçadamente a mão sombria da morte cerrou os olbos a Rebello da Silva, antes que elle desse cumprimento ao que promettera, e uma doença impertinente e dilatada apoderou-se de Amorim com tal encarniçamento, que o tem afastado até hoje,—penso eu—de escrever esse livro interessante cuja falta deploramos.

E é quasi sempre assim!... Os homens que Deus fadou para grandes coisas, e aos quaes sellou na fronte a palavra—*Genio*, são os que mais padecem... os que sentem mais vivamente o ferrão dos grandes soffrimentos! Mas que lhe havemos de fazer?... ter paciencia e esperar, por que Deus tambem soffreu bastante por nós, e por tanto é uma divida sagrada de que nos imos desfasendo pouco a pouco; e quando chegar o dia do passamento, lá teremos a recompensa no céu.

Mas a que vens tù com isso agora?—perguntará o leitor, aborrecido d'este arrasoado massador. A que venho? dizer ao leitor que o poeta de Alvelomar não tem publicado a biographia do seu estimado mestre por falta de saude: asseverar-lhe que se

não fosse.esta circumstancia,estava eu agora muito
descançado da minha vida, e não tinha os cale-
frios que sinto, fazendo os alicerces d'um trabalho
litterario que nunca em minha vida pensei de fa-
zer, — um prologo!

:Vamos pois a elle.

O anno passsado; época em que eu comecei a
desfraldar a pobre imaginação aos ventos d'um
ocio! forçado, na humilde tabacaria de que sou
administrador, não sei porque acaso:.. feliz ou
desgraçado?....me veio á mão um livro de Al-
meida Garrett—escriptor que eu conhecia de re-
lance pelo nome, sem saber ao menos o que tal
nome valia entre os homens de lettras....
— Era o poema *D. Branca*. Lendo pois esse vo-
lume com grande curiosidade, senti-me de tal
fórma enthusiasmado, que formei logo firme ten-
ção de conhecer largamente as obras completas
do poeta. Manifestei o meu vivo desejo a um ami-
go que possuia toda a collecção das obras de
Garrett, e com o auxilio d'esse amigo dedicado
tive occasião de apreciar algumas das suas com-
posições de maior vulto.

Colhendo n'essa leitura, uns pequenos conhe-
cimentos de alguns quadros da vida do poeta;
quasi sempre atulbada de trabalhos, soffrimentos,

e tombos perigosissimos, —principiei; a enfeixar esses ramos biographicos que mais interesse me despertaram. ․ ․ ․

Ajunctando-lhe em seguida varios documentos que encontrei na rapida viagem que fiz pelos livros que tractam do mesmo assumpto, e outros que amigos do poeta me forneceram, pude alinhavar estas poucas paginas que vão agora—creio eu—apreciar uma vista d'olhos do leitor amigo:

Acabado que vi o livro, (acabado por que lhe dei eu o acabamento; e entendo cá de mim para mim, que o fim de uma obra é onde se lhe dá o remate) apresentei-o ao erudito barão de Villa Nova de Foscôa, pedindo-lhe, não uma approvação, mas um parecer, e ao mesmo tempo alguns apontamentos para a historia do Achilles, d'um Homero tão fraco como eu me conheço:

O illustre nonagenario, recebeu-me com aquella sublime affabilidade que costuma dispensar a quem o consulta sobre assumptos, em que a sua vasta intelligencia póde influir, e dirigiu-me algumas d'aquellas judiciosas palavras que são tão suas, e tão digno de veneração o tornam, que se não me augmentaram a vontade que tinha de dar á estampa o acanhado livro, tambem não me fizeram esmorecer.....

O veneravel ancião manifestou-me o que since-
ramente sentia; e era que sendo o assumpto al-
tamente melindroso, não o poderia eu desenvol-
ver com tão bons resultados comó as penhas que
brilhavam já no tempo do meu heroe e com elle
conviveram; mas comtudo, que não seria comple-
tamente despresado porque, como não possuimos
ainda esse livro desejado, poderia o meu viver ao
menos, emquanto não acordasse a penna que ti-
nha promettido um estudo minucioso ácerca da vi-
da e escriptos do patriarcha da moderna litteratura:

Eu conhecia sobejamente—assim como conhe-
ço agora,—o temerario empenho a que me aba-
lançava, mas olhando amiudadas vezes para o pe-
queno braçado de originaes que andavam erran-
tes e espalhados pelas estantes da tabacaria, não
podia deixar de me compadecer d'elles,—e foi
por este motivo que não lhe dei o destino de qua-
si todas as minhas tentativas litterarias—o des-
graçado fim, de embrulhar o rapé aos meus bon-
dosos freguezes.

Pouco depois de fazer a minha respeitosa ap-
presentação ao illustre traductor do *Burro d'Ou-
ro* de Appuleio, abri ao acaso um livro que ti-
nha sem o saber, entre as brochuras da minha po-
bre bibliotheca.

Eram os estudos biographicos de Feijó dà Costa, sobre os pintores mais notaveis de Italia.

—«Coitado!... murmurei, reparando no retrato de Henrique Feijó.» — Tambem a morte enrolou bem cêdo o fio da tua existencia... Tantas, esperanças que nos davas... tanto talento que. nos mostraste no teu curto viver... tanta vontade que presenciamos no teu alvorecer de estudante:.. tudo emmurcheceu com um sopro queimador, que te veio arrancar do gremio d'aquelles que te idolatravam.»

N'esse livro do joven amante das artes e lettras, deparei com as poucas linhas que passo a transcrever, que elle traçava em Florença, esboçando a vida artistica do orgulhoso pintor valenciano, José Ribera ou *Spagnoleto*, que não queria admittir na escola que frequentava, auctoridade egual á sua:

«Hoje que muitas legoas me separam da patria, lembro-me com respeito, ao escrever estas linhas, do nome do maior vulto de Portugal, Alexandre Herculano: esse nome conhecido e venerado em toda a Europa, brilha explendido de gloria e modestia; verdadeiro sabio, conviva discreto do banquete da vida, sorri-se pacifico, e estendendo a mão ao talento nascente, ajuda-o a

caminhar na estrada árida da gloria; indifferente
á intriga, desconhecendo a inveja, vê, ouve e ca-
la-se! A par d'aquelle grandioso genio a quem as
maiores intelligencias do mundo prestam homena-
gem, recordo-me d'esses talentos mesquinhos,
minados d'inveja, quasi desconhecidos, que em-
briagando-se de encantadoras illusões, se julgam
illustres favoritos dos filhos da Memoria, e ce-
gos d'orgulho, despresam os que lhe são iguaes
ou superiores: desgraçados! Se por um instante
a opinião publica os eleva, ella mesma offenden-
do-se da desmedida altivez dos seus validos, os
arremeça ao esquecimento.»

Ora, eu apesar de não ser talento nascente,
nem coisa que a isso se assemelhe, senti-me enso-
berbecer ao gostar as respeitosas phrazes que o
estudioso mancebo dirigia a esse distincto littera-
to, digno d'um dilatado viver, para que augmen-
tem os primorosos trabalhos que a sua penna
gloriosa costuma offerecer-nos; e resolvi com-
metter uma temeridade! Lembrei-me que um ho-
mem tão cheio de grandezas d'alma e coração,
como o sr. A. Herculano, não deixaria de prestar
attenção aos vagidos de um recem-nascido litterario,
como eu; e animado por essa fé, escrevi-lhe uma
carta, perguntando-lhe quasi suscintamente a ideia

que formava dos trabalhos a que havia dado o fim.

Passados alguns dias, recebi pelo correio uma attenciosa carta do talentoso historiador, em que me patenteava as grandes difficuldades com que eu tinha a luctar, para desempenhar este grande encargo; que era mais para Francisco Gomes de Amorim, pela circumstancia de ter vivido intimamente com Garrett, do que para outro qualquer. Não me envergonha; honra-me muito a carta do sr. Alexandre Herculano. Abstenho-me de lhe dar publicação no primeiro lugar do meu pobre livro, por dois motivos bem palpaveis. O primeiro é evictar os murmurios da inveja jerados n'algum coração menos puro, que porventura me chamassem vaidoso, e se atrevessem a dizer que eu me abrigava á sombra do actual governador da nossa provincia litteraria para me livrar da critica! O segundo, e a meu ver mais sensato, é conhecer os erros que commetti n'este trabalho, e não querer nem por sombras, ver o nome do auctor de *Eurico* motejado a par do meu, por algum critico que conheça ainda menos do que eu, a materia de que estou tractando.

Ha muitas inexatidões no meu volume; faço aqui publica confissão d'ellas, para descargo de

consciencia. Não envolve as condições que se exi-
gem nos trabalhos d'esta especie, mas estou cer-
to, que o pouco merecimento que encerra, póde
satisfazer em parte, o desejo d'aquelles que ha
tantos annos esperam em vão, pelas memorias
biographicas que Amorim e Rebello prometteram
publicar, quando o corpo de Garrett ainda se
achava inteiro na sepultura.

Agora que me resolvo á dar estas poucas pa-
ginas ao legado de Guttemberg, sou o primeiro
a declarar que este pensamento, lançado á roda
dos expostos pela doença de Amorim, podia ser
inscripto nos annaes das publicações com epilogo
mais feliz do que o meu, e com menos fadigas
tambem, do que eu tive para liar este molho de
*phrazes descóradas*, como dizem os criticos mor-
dazes, quando sentem descer ao coração o acre da
inveja, e bradar-lhe: *Mata esse insecto, que nos
vem cá zumbir aos ouvidos!*

A estes se me calumniarem, digo-lhes com ante-
cipação que escrevam uma biographia melhor, e
m'a enviem depois, para eu por ella, corrigir os
erros que commetti na minha: aos que blasphema-
rem d'ella só pelo gostinho de dizer mal, e a de-
primirem por não a entenderem, dou-lhes um con-
selho que não devem despresar: leiam *Carlos Ma-*

*gno,* e outras obras que foram escriptas expres-
samente para ,alguns ignorantes que por nossa
desgraça ahi andam apregoando luz, e. a dar ca-
beçadas, que nem que a claridade tivesse o no-
me de trevas.

Áquelles que me fizerem justiça recta, e criti-
ca conscienciosa, desde já lhes agradeço, e pro-
metto arrepender-me dos meus erros passados,,
remediar os presentes, e empregar todas as deli-
gencias para os evictar no futuro.

Se· dedico o meu livro ao batalhão litterario
que opera actualmente no campo das lettras, não
ponho em vista as honras d'um agradecimento
unanime, nem tampouco escudar-me com elle con-
tra bloqueios merecidos.

Não.

Offereço-o a essa illustre corporação, porque,
como disse o poeta, *quem conhece a materia é
que a estima*, e presando-me eu de estimal-a sem
conhecel-a, busco este meio, para provar o res-
peito que tributo aos mestres a quem a consa-
gro.

Lisboa 25 de Março de 1873.

*Domingos Manuel Fernandes.*

# BIOGRAPHIA POLITICO-LITTERARIA

## DO

## Visconde d'Almeida-Garrétt

> . . . . . . . Oh! qual te vejo
> Infeliz patria! Serves tu, princeza,
> Tu senhora dos mares? Que tyrannos
> As aguas passam do Guadiana? A morte,
> A escravidão, lhes traz ferros e sangue...
> Para quem?... Para ti mesquinha Lysia!
> (GARRETT.—*Camões*)

## I

João Baptista — da Silva Leitão — d'Almeida Garrett, primeiro visconde d'Almeida Garrett, e primeiro poeta peninsular depois de Luiz de Camões, nasceu no Porto a 4 de Fevereiro de 1799, — segundo a sua certidão de idade, e a confissão d'alguns escriptores vivos e fallecidos, aos quaes se deve prestar toda a consideração; — que tractaram com elle, na infancia e na adolescencia, nas terras mais notaveis do reino e ilhas ad-

jacentes, como Angra do Heroismo, Lisboa, Por-
to, e Coimbra, onde estudou até os principios do
anno de 1822; e tambem no estrangeiro duran-
te os desterros que soffreu, pela simples culpa
de pugnar pela causa da liberdade, quando viu
seu brilho quasi offuscado pela nuvem pavorosa
do despotismo, que se desdobrava rapida sobre
ella, e a toldou por fim complectamente; perse-
guindo sanhuda e temivel, os seus dignos aposto-
los, e arremessando-os pelo direito da força, além
dos marcos da patria.

Entre os differentes litteratos que teem publi-
cado retalhos da vida do grande poeta, (porque
complecta não me consta que se tenha publicado
até hoje) encontram-se tantas divergencias na
dacta do nascimento, que hesitei fortemente pa-
ra me decidir a encher as linhas, que deixara
em branco ao principiar estes insignificantes es-
tudos. São taes esses anachronismos como os
que vou citar; uns assignados por pennas vanta-
josamente respeitadas no campo das lettras, ou-
tros anonymos, que asseveram ter nascido Al-
meida Garrett, em 1798, 1801, 1802, e ainda
em 1804; dactas absurdamente imaginadas, ou ti-
radas de documentos duvidosos, e não escriptas
á vista da certidão do baptismo do poeta, que es-

tá exarada n'um documento historico, concebido n'estes termos: — *João Baptista da Silva Leitão, d'Almeida Garrett, nasceu no Porto a quatro de Fevereiro, de mil setecentos noventa e nove, e foi baptizado na egreja Parochial de Sancto Ildefonso, no dia dez do mesmo mez e anno.* — Os escriptores• que estão· em verdadeira harmonia com a citada certidão, aos quaes alludi acima, são os Srs. Latino Coelho n'um esboço da infancia de Garrett, que publicou em hespanhol no primeiro volume da *Revista Peninsular*, Gomes d'Amorim, nos seus *Cantos Matutinos*, e Innocencio Francisco da Silva, no terceiro volume do seu Diccionario Bibliographico, que veio engrandecer immensamente a erudição dos constantes ledores do antigo Barbosa Machado. Foram paes de João Baptista d'Almeida Garrett, Antonio Bernardo da Silva Garrett, fidalgo cavalleiro da Casa Real, fiscal mór da sellagem da Alfandega do Porto, e D. Anna Augusta -d'Almeida Leitão, filha d'um abastado negociante, accionista e deputado da poderosa companhia dos vinhos do Alto-Douro. Sua familia era oriunda d'um condado d'Irlanda e de mui remota ascendencia, que tendo sido perseguida por seus naturaes por causa de questões de politica ou de religião, andou errando muitos annos, sem pão nem abrigo certo, por varias terras da Europa, como tantas familias desgraçadas, a quem os partidos politicos e seitas religiosas tem feito morrer ao desamparo entre corações estranhos. Experimentando sempre a mais inconstante fortuna durante essa larga e dolorosa peregrinação, e achando-se finalmente em Hespanha, a desolada familia resolveu-se a transpor as fronteiras de Portugal, e veio no sequito que acompanhou a Lisboa a rainha D. Marianna Victoria, esposa de el-rei D. José primeiro, e filha de D. Maria Anna d'Austria, e de D. Philippe V. Pouco depois de entrar em Portugal, foram estes infelizes residir para o Porto.

Depois passou esta familia ás ilhas dos Açores, guiada não sei porque felicidade ou desventura, e ahi nasceu então Antonio Bernardo, pae do nosso poeta. Voltando Antonio Bernardo para o Porto, ahi foi contrair os laços matrimoniaes, com a virtuosa filha do respeitavel negociante portuense. Adquirindo por esta vulgar circumstancia uma fortuna soffrivel, nasceu João Baptista de Almeida Garrett no seio das melhores commodidades que podem ser ambicionadas, pelo homem que surgiu no mundo, envolto n'um sudario de dores e agonias, como o que velára o nascimento de seu pae no intimo de sua familia, inda pouco feliz, e fortemente magoada com a viva lembrança do querido ninho patrio, d'onde mãos traidoras a tinham rechassado. Mas por fim os perfurantes esgalheiros do exilio haviam-se tornado suaves, para esse resto dos membros da estirpe irlandeza.

Quando João Baptista começava a soltar dos labios tenros e engraçados as primeiras modulações de creança, achava-se este pequeno torrão de Portugal, descançado sobre a mais placida e firme tranquillidade, mas apenas principiou a pronunciar claramente as vulgaridades familliares, foi surprehendido por uma nuvem negra e atterradora, que se desdobrava sobre os horisontes portuguezes, e por uns sons eccoantes, complectamente ignorados pelos seus ouvidos d'infante. Era o troar petrificante dos canhões francezes, accesos pela raiva ambiciosa de Napoleão I, que, já derruira então os primeiros torreões erguidos nas fronteiras de Portugal, para derramar sacrilegamente o sangue de nossos avós, e coligado com a fanfarrona Hespanha obrigal-os a fechar seus portos aos inglezes, prender os que habitassem em terras portuguezas, e confiscar-lhes os bens que possuissem ; mas reaggindo o governo portuguez contra as despoticas medidas do Cesar moderno, entrou em Portugal uma poderosa divisão do exercito francez e alguns hespanhes commandada pelo general Junot, obrigando o principe regente D. João, a sair as agoas do Tejo com toda a familia Real, demandando as terras de Santa Cruz. Avançando iracunda e sedenta sobre Portugal, essa legião destruidora de guerreiros esfaimados, pisando com o maligno cothurno, tudo que encontrava na passagem que operava nas veigas portuguezas, saqueando tudo aquillo a que podia lançar as garras ambiciosas, violando os sanctos lares das familias, e cevando a bruta sensualidade á viva força nas donzellas, emquanto outros assassinavam seus desgraçados paes a ferro e fogo, foi acampando de monte em monte, de descampado em descampado, e de povoação em povoação, esperando que Portugal se resolvesse a dar apoio ao systema continental, que Napoleão concebera crear n'aquelle cerebro eivado de malvadez, avareza estulta, e ambição de governar o mundo!

Tinham passado apenas dez annos sobre a cabeça joven do nosso poeta, onde amadurecia um estro excepcionalmente fogoso que o devia levar mais tarde sobre suas azas possantes ao apogéu da gloria, a esse término immensuravel da·immortalidade, onde subira já, havia perto· de tres seculos, o inspirado cantor do esforçado Gama, o grande·capitão rival de Christovão Colombo, e parece que descendente dos carthaginezes, os mais ousados navegadores da antiguidade, que como disse o nosso Homero, metteu frotas altaneiras =.

«Por mares nunca d'antes navegados»

e erguendo seus olhos magneticos e penetrantes onde fulgia o astro brilhante da intelligencia, que reverberava no rosto azul do céu; ergueu-os para as cumiados imponentes que se desenrolavam em· dilatada extensão entre Minho e Douro, viu tremular ao som· dos ventos patrios a· bandeira das aguias imperiaes, hasteada pelas tropas do orgulhoso e detestavel Corso, que mandára abater a das Quinas d'Ourique, outr'ora tão respeitada· por todo o universo, como a imagem d'um Deus de bondade, que rége os céus e a terra, empunhando na dextra a compaixão divina para galardoar os seus eleitos, e a anathema na sinistra para aniquillar os filhos dissolutos, depravados e

avaros, renegantes da religião que Elle nos dei-
xou escripta por seu proprio punho, e com o seu
divino sangue. Apoiado á mão de seu pae, que
tremia da proxima perda da independencia nacio-
nal, encarou summamente admirado, esses hori-
sontes affogueados e desconhecidos, que annun-
ciavam uma tempestade horrorosa em todo o
paiz, que o devia tornar n'um lago de sangue, e
deixando escapar do peito innocente e fragil, um
d'estes suspiros que parecem pertender arrancar
o coração soffredor, e arremessal-o ao lodo mun-
danoso, sobre o bafo indomavel da intima ago-
nïa, perguntou a Antonio Bernardo, o que sym-
bolisavam tantos homens d'um aspecto tão singu-
larmente differente d'aquelles que sempre vira,
quando ainda conchegado aos seios de sua mãe,
tão risonhos e pacificos sob a fleugma da mais
pura tranquilidade nacional; qual a sua proce-
dencia, e o motivo porque toda a cidade estava agi-
tada. Antonio Bernardo chorou de gozo e de dor
n'essa occasião; de dor, por ver a patria do seu ber-
ço invadida por estrangeiros; e de gozo, ao escu-
tar as discretas e afflictivas observações da crean-
ça. Como bom pae que era, ellucidou João Baptis-
ta, o melhor, que poderam conseguir os seus la-
bios tremulos, com o susto que infundia em seu

animo, a legião d'invasores barbaros. Contou-lhe
que tal gente, com a furia indomada, espalhada
nos rostos crestados pelos sóes ardentes, era ini-
miga da patria; aquella côr denegrida que causa-
va panico, e fasia lembrar as furias infernaes, era
produzida pelo fumo despargido nos acampa-
mentos durante carniceiros combates e lambedo-
ras fogueiras accesas no campo durante os dias
de descanço e o traçar de planos de guerra des-
de o Sena até ao Douro caudal, e turvo, e mais
pavoroso ainda com o sangue vertido em suas
longas margens que logo se junctava ao sequito
funebre de suas extensas agoas. A creança come-
çou a soluçar abraçada a seu pae, e ainda per-
guntou se lhe matariam a sua mãe; e receben-
do a imprudente affirmação da pergunta inno-
cente, correu a lançar-se nos braços da carinho-
sa Anna Augusta, sua mãe beijando-a e dizendo
que fugisse porque a queriam matar, e a seu
pae tambem. A mãe buscou tranquillisal-o, abra-
çando-o e cobrindo-o de beijos, e contrariando
bastante a seu pezar as palavras do esposo que
amava em extremo, e assim pôde restituir-lhe o
socego habitual e tirar-lhe da lembrança a devas-
tadora expedição, que abafava as palavras indi-
gnadas que os portuguezes buscavam proferir con-

tra o causador de tantas miserias que já vinham
perto opprimil-os, apoz tanto sangue espadanado
para se apossarem dos haveres d'aquelles que
haviam empregado toda a sua vida nas tralhosas
lidas que Deus nos deixou para tirarmos d'ellas
o sustento do corpo e do espirito. Até Garrett,
havia tão pouco desprendido do berço que o vira
nascer, já soluçava e vertia lagrimas sobre o pro-
fanado altar da patria! Pobre innocente! Tão. ten-
ro ainda e já soffria tanto, de ver o seu berço
calcado por tyrannos useiros da força bruta! Era
Deus que lhe illuminava o espirito infantil, e o
fazia comprehender as cruas disenssões dos ho-
mens; corações impedernidos, que intentam fe-
char na mão infame e avara as redondezas d'es-
se orbe incommensuravel, e constituirem-se domi-
nadores barbaros de toda a humanidade. .

........... N'estas horas d'agonia
Grata consolação é ver unidos
No funeral da patria, os que inda podem
Carpil-a bem sem remorso e sem vergonha..

............... Na tua edáde
Respeitam-se os antiãos, ouve-se e aprende-se
Mancebo escuta. Libertar a patria
E dar pelo resgate a propria vida
Não é mais que dever, grande heroismo;
Acções de gloria n'isso não as vejo.

(GARRETT.—Catão)

## II.

Poucos dias depois d'estas scenas, partia à honesta familia de Garrett, do Porto para Lisboa, tentando escapar-se do jugo oppressor, e salvar alguns haveres das mãos dos saqueadores.

Em Lisboa poderam residir alguns mezes mais socegados, mas escaceando-lhes corações amigos na capital, resolveram passar ás ilhas dos Açores em demandá d'um virtuoso prelado seu parente em grau muito aproximado: que ali residia, go-

sando a geral estima de todos os habitantes d'a-
quelle archipelago. Era o veneravel octogenario,
D. Frei Alexandre da Sagrada Familia bispo d'An-
gra do Heroismo, tio paterno de João Baptista.
Ali poderam então os foragidos disfructar alguns
dias felizes, no remanso d'uma vida cheia de ale-
grias, juncto da alma generosa do venerando sa-
cerdote. Este ministro de-Deus, possuia a par de
uma religião immaculada, e d'uma caridade que
o tornava profundamente estimado e bem quisto
pela diocese de que era digno director espiritual,
uma tão basta erudição e sabedoria, que affian-
çava um futuro brilhante ao pequeno Garrett, se
acaso o bom velho fosse o seu perceptor. O bom
velho era um conjuncto de grandezas moraes e
intellectuaes, como raramente se encontra nas
aras do christianismo ou no altar do sacrificio de
Deus! João Baptista estudara no Porto ainda com
seu pae, as primeiras lettras, e já soletrava alguns
nomes em livros que Antonio Bernardo lhe dava
para elle ler quando soubesse. O pequeno entre-
gara-se ao estudo com grande vontade, e breve
começou á ler soffrivelmente as historias que o
pae lhe mandara guardar quando abandonou o
Porto. Na ilha tomou tanta amizade aos livros,
que estava quasi sempre a folheal-os. Seus paes

gòsavam' uma' singular consolação, vendo que el-
le era inteiramente contrario aos brinquedos in-
fantis, a que se abraçam a maior parte das cre-
anças com uma paixão desordenada: A João Ba-
ptista nunca se apegara essa lepra contagiosa.
Os castellinhos de seixos e barro em cuja fei-
tura as creanças gastam o tempo, e rompem os
vestidos, eram complectamente desconhecidos pe-
lo futuro cantor de Luiz de Camões. Em lugar
d'esses divertimentos tributarios adoptou o pe-
queno 'de' Antonio Bernardo, outro systema de
edificar, com pedra mais bem lavrada, e barro
tão sublimemente amassado, que seria impossi-
vel derrubal-os a mais horrorosa tempestade que
tentasse açoutal-os. Passava dias e noites succes-
sivas, cavando os alicerces para enterrar as ba-
ses d'esses magníficos torreões, que só haviam
de ver um rival entre os Lusos; e esse era o que
levantara Camões, cantando o nosso ousado Ga-
ma: Mas que castellos eram esses, que a crean-
ça riscava entre os afagos da familia? Com que
argilla os cimentava? Com que elementos os fa-
bricava, e lhe dava tanta fortaleza?
Era com os livros das vastas bibliothecas de seu
tio D. Frei Alexandre, que juncto de uma collec-
ção numerosa dos melhores gregos e latinos, co-

mo 'Pindaro', Anacréonte, Sophocles, Homero, e
Horacio, Virgilio, e Ovidio; era possuidor dos me-
lhorés partos dos classicos portuguezes, como Ca-
mões, Gil Vicente, Sá de Miranda, Rodrigues Lo-
bo, Bernardim, e outros que souberam tanger com
valentia as lyras da antiguidade. Foram de tal na-
tureza os materiaes que Garrett ajunctou para os
seus castellos que se tornaram inexpugnaveis, até
para os mais attilados guerreiros, que com ar-
mas da mesma especie pretenderam altear-se ao
mesmo ponto, ou prostral-os em complecta ruina.
Mas aos bloqueios succederam-se bloqueios, bom-
bardcamentos a bombardeamentos, odios a odios,
extorsões a extorsões, maldizentes a maldizentes,
imitadores a imitadores, plagiarlos a plagiarlos;
e o grande Garrett contemplava-os impassivel,
com aquelle sorriso de sceptico que sentiu desa-
brochar nos desterros que provou em abono do
seu ninho patrio, e não ousava punir pelos direi-
tos que de justiça e lei lhe pertenciam e o favore-
ciam plenamente. Era a imagem da resignação;
era o guérreiro que vendo o campo onde peléja
com os seus, talado de cadaveres lacerados e lan-
çando golfadas de sangue, pousa negligente-
mente o escudo salvador sobre o peito anclado,
e aguarda tcôm os olhos no céu, a chegada de

uma bala perfurante, que lhe transporte a alma
á tranquilla mansão da eternidade; mas revelia
no olhar de humildade que ainda crê firmêmen-
te n'um Deus de misericordia, que contempla do
seu throno d'ouro, os cruentos debates accesos
por seus filhos com a mira em governar alheios
territorios, e fazer alvo da tyrannia os seus des-
graçados incolas. Garrett era assim! De tantas e
tão igneas balas que lhe apontavam ao coração,
nenhuma, o pôde ferir, nem as arguições estupi-
das o fizeram nunca descer o mais apertado de-
grau, do logar onde o levára a intelligencia que
assombrava os detractores e falsos apostolos da
seita que elle adorou.

Os Zoilos espumavam e mordiam-se de ver
prosperar o seu nome, e elle ria-se da mesqui-
nhez d'elles, que vendo-se todos na impossibilida-
de de o igualarem, maldiziam-n'o, e buscávam
prostral-o, no maior rastejamento. E nunca tre-
meu este homem, diante d'esses invejosos e pra-
guentos? E não descarregava sobre elles o azur-
rague tremendo que empunhava? Não? Porque?
Porque, olvidando todas as crenças, conservava
uma no seu nobre coração, e essa, era, a que
todos devem alimentar, até lhe estalar a mola ul-
tima da vida,— a de que existe uma Providência,

que .é principio, meio e fim de tudo quanto ha
bom e iucomparavel; e cápaz de tudo o que não é
permittido praticar aos homens. Com a vista fixa
n'essa sombra que dulcifica as magoas do viven-
te, ouvia a celleuma dos seus adversarios, sem
procurar abafal-a com os eccos de sua palavra so-
berba e altisona !

D. Frei Alexandre, enfadava-se ás vezes com o
pequeno sobrinho, porque lhe devastava ás es-
tantes dos livros para os pôr enfileirados sobre
as mesas e nos alegretes do quintal, onde se assen-
tava a analisar a diversidade dos typos, gothicos,
gregos, allemães, e outros que em nada se pare-
ciam com aquelles que lhe haviam ensinado o A.
B. C. Mas Garrett não se enmmendava, e um dia
chegou a dizer ao honrado velho, que se elle não o
ensinava a ler aquelles livros, ia aprender para
casa de Joaquim Alves; um velhote terceirense que
o estimava muito e lhe dava muitos doces. D Ale-
xandre não pôde deixar de sorrir da crianceira
influencia do sobrinho, mas conhecendo-lhe uma
excellente comprehensão e uma vocação singular
para as lettras começou-lhe a fazer varias pergun-
tas sobre grammatica, de vendo que respondia
com a promptidão do melhor estudánte, princi-
piou a dar-lhe as primeiras lições de latim, com

aquella consciencia e prudencia que lhe eram habituaes. Fazendo o pequeno, em pouco tempo grandes progressos n'esta lingua, deu-lhe tambem algumas prelecções da grega, em que era profundamente versado. Com tão erudito pedagogo, e tão boa vontade de estudar pôde Garrett conhecer em pouco tempo as doutrinas d'esses grandes gigantes do pensamento, do tempo do primeiro Mecenas, que o veneravel sacerdote conservava como reminiscencia da edade juvenil, em cujo regaço se abastecêra de bem cimentados estudos. Assim corria a vida do joven poeta, sempre com o pensamento engolfado nos seus livros, e em aturadas consultas entre os varios auctores. Quando fechava os livros, quasi sempre a instancias dos seus maiores, empregava o tempo a fazer a sua ode, a alinhavar os seus sonetos, e ensaiava-se em differentes generos de verso e prosa, mas tão fraco se considerava ainda, que nos momentos em que o amor das lettras o incitava a mostrar essas escreveduras ao bom tio, antepunha-se-lhe no caminho, o pejo e a vergonha de creança, e obrigava-o a guardar aquelles alvores, que mais tarde elle refundiu, e fez dardejar a sua luz nos mais erguidos pincaros do universo. Escrevia, e guardava, para depois apresentar todo

aquelle molho de criancices litterarias. Sabendo
o latim soffrivelmente, e *arranhando* menos mal,
como se costuma dizer, no grego, D. Frei Ale-
xandre descançou algum tempo com as suas li-
ções, e disse-lhe naturalmente que profundasse
mais os estudos dos classicos portuguezes, para
depois aprender o italiano; mas qual não foi a
sua admiração ao ver o sobrinho lêr correctamen-
te as obras de Metastasio, e de Goldoni, a par de
Tasso e Dante, e até os classicos mais enrevesa-
dos de Italia?! O velho, pastor das ovelhas aço-
rianas levou as mãos á cabeça e benzeu-se de ver
o rapaz ler correctamente nos livros que elle lhe re-
servava para mais tarde.—«Pois tambem já tu sa-
bes o italiano?» exclamou D. Frei Alexandre ver-
dadeiramente desapontado, por não gosar elle a
gloria de ter sido seu mestre em tal lingua.
—«Sei sim senhor,» respondeu Garrett, levantando
o cabello que teimava cobrir-lhe aquella fronte es-
paçosa —«Ora o rapaz...» dizia o velho comsigo, e
procurando uns italianos que tinha na bibliotheca,
«Vou-lhe entregar Maffei, a ver como elle se de-
senvolve.» (1) E D. Frei Alexandre levou-lhe uma

(1) Veja-se introducção da *Merope.*

tragedia do poeta italiano, e mandou-o ler uma
scena ao acaso. Garrett, n'essa occasião, sentiu
correr-lhe no cerebro um pensamento de vaidade
e orgulho, porque olhando ironicamente para o
tio, leu ligeira e correctamente a scena que elle
lhe apontára; e avançou ainda muito mais. Frei
Alexandre não cabia em si: foi perguntar á sua
Cunhada D. Anna Augusta, se era conhecedora
dos progressos do filho; e respondendo-lhe aquel-
la que os desconhecia inteiramente, procurou seu
irmão, mas não teve tempo de o interrogar, por-
que Antonio Bernardo correu para elle, dándo-
lhe exactamente a mesma noticia que soubéra
n'aquella occasião; —«O rapaz é o... sabes o que
eu te digo Antonio? o rapaz ainda não pára ali,
aquillo vae muito longe... e sabes o que me está
lembrando? É... é... nem eu sei o que.!!'Nem
tenho animo para t'o dizer...» ·

—«Homem! explica-te?! Quéres mandal-o es-
tudar para alguma academia de Lisboa; ou man-
dal-o ordenar?»—Ah!... pois é isso mesmo; sáe
d'ali um grande homem e um grande sacerdote!»
«—Pois se elle quizer... respondeu provavelmen-
te o pae do intelligente estudante. E D. Alexan-
dre dizia bem; o bom do velho queria dar-lhe
um caminho onde achasse a posição de que o

considerava merecedor, que estivesse em har-
monia com a capacidade e talento que lhe conhe-
cia, e lembrando-se que podia abdicar n'elle um
dia a mitra de bispo da diocese que governava,
e legar á egreja por sua morte um sabio e dis-
creto ministro, e um rival de Jeronymo Osorio,
trabalhou com acerrima constancia, para lhe al-
cançar um beneficio da ordem de Christo, o que
conseguiu no fim d'alguns mezes. Aconselhado
pela mãe e pae, e quasi arrastado pelo respeita-
vel pastor d'almas chegou Garrett a professar as
ordens menores; mas D. Alexandre acertaria
sempre nas suas escolhas, menos n'aquella; por-
que Garrett não tinha uma d'aquellas physiono-
mias que quando apparecem, se diz d'ellas: *é
mesmo uma cára de padre!* Observando minu-
ciosamente ao lado de seu tio, os estatutos que a
egreja sôe metter na mão dos ecclesiasticos co-
meçou a olhar para todas aquellas ceremonias
com desmedida indifferença e a mostrar-se enfa-
dado e tristonho, e vendo-lhe o velho no rosto
esse desapego, interrogou-o sobre tão estranho
procedimento. Garrett revestiu-se então de toda a
coragem de que dispunha, tão novo ainda, e res-
pondeu-lhe que não sentia forças para empunhar
o pesado bastão de pastor d'almas e que da me-

lhor vontade seguiria o curso da magistratura. O
tio estacou ante a sua repentina resolução, mas
breve cobrou animo. Era um d'estes homens que
não desanimam facil, nem se curvam aos mais fe-
ros desappontamentos da vida. Encarou o so-
brinho n'um olhar austero, e buscou ler-lhe no
intimo para o guiar pela palavra affectuosa, ao
caminho da obediencia e da virtude. Não colhen-
do porem, os fructos que esperava d'esta opera-
ção, procurou com seus conselhos mostrar-lhe:
o honroso lugar que podia occupar no porvir, so-
bre as aras sagradas do christianismo; o respei-
to que lhe seria tributado pelo rebanho que guar-
dasse, e os interesses que poderia colher n'esse
estado, mas João Baptista, apezar de se apresentar
resignado ante as suas sanctas doutrinas, mos-
trava bem visivel no rosto o turbilhão de con-
troversias que lhe ia no intimo. Esquecendo es-
ses symptomas atterradores, o tio buscou met-
tel-o de novo na carreira que tinha encetado, mas
vendo que eram infructiferos os seus lavores,
concordou com Antonio Bernardo, em não con-
trariar as aspirações do filho, e deixal-o seguir o
rumo que desejava. Garrett, quando se viu solto
das cadeias que começavam a prendel-o á egreja,
resfolgou satisfeito, e bateu livre, as azas em de-

manda das regiões porque suspirava a sua alma
de poeta. Tendo-se familiarisado com o seu Es-
chylo, e o seu Euripides tomou amor á tragedia,
e apoiando-se a esses mestres, começou a ensaiar-
se n'esse genero, com que diliciava os ouvidos
de seus paes, e do tio, que tambem o escutava
com satisfação. Os versos, esses, é que o poeta
guardava para mostrar mais tarde.
Concluindo deseseis annos de idade, seu tio
resolveu mandal-o preparar para entrar na uni-
versidade, e elle não descançou em quanto se não
viu em estreita convivencia com as auras do Mon-
dego. Chegando áquella soberba capital das scien-
cias portuguezas, começou logo a cursar a ca-
deira de jurisprudencia, e renunciou o beneficio
que alcançára da egreja, a pedido de Frei Ale-
xandre. Applicando-se com todas as suas forças
áquelles estudos, e não recebendo no primeiro
exame os elogios e valores que imaginára alcan-
çar n'elle, aborreceu-se de tal forma, que dando-
lhe de mão, entrou a frequentar as cadeiras de ma-
thematica, philosophia e algebra, mostrando a seus
professores o elevado talento, e a fina compre-
hensão de que era dotado. Sabendo isto seus
paes não tentáram contrafazel-o mas móstrarám-
se magoados, e aconselharam-no com a sua gran-

de prudencia, a que não deixasse o curso das leis:
Garrett, obedeceu á voz que mais devia respeitar,
e continuou com os antigos estudos na firme resolução de os acabar, e pouco depois alcançou
que lhe fizessem a justiça que merecia, concedendo-lhe um dos maiores premios de louvor
que se deram na universidade. D. Frei Alexandre, tomou na devida consideração a obediencia
do sobrinho, presenteando-o generosamente, com
dadivas d'amor e amizade. O estudante começou
então a entrar destemido em themas que desconhecera até ali. O novo estudante possuia um dote sublime, um dote que era invejado por muitos
e logrado por poucos que estudavam nas mesmas paginas onde elle chegára por esse tempo.
Era uma reminiscencia tão sã e robusta, a sua, que
abrangia todos os dominios que lhe appeteciam;
e jamais se viu hesitar entre as mais difficeis
proposições academicas, cujos turbilhões, atormentavam a grande turma de cursistas. Estudava ao mesmo tempo, os mais intrincados e profundos ramos scientificos, que já houveram na
universidade, a par de artes pouco faceis, sem
com isso amputar o fio dos estudos que tão inergicamente sustentava, entre os seus companheiros, pela maior parte apologistas desalmados do

leito de Procusto....Sim, fallo d'aquelles estudan-
tes; que se amarram como sanguesugas,,ao de-
bil baculosinho do genero que encetaram para
seguir um caminho só, e dão de mão a todos os
mais assumptos que não têem parentesco, nem
consaguinidade, com o genero a que se dedi-
cam.

,É por esse motivo que os padres pela maior
parte, sabem apenas aquella *cantilena* do Evan-
gelho, e d'ahi não têem ordem de passar: Apren-
deram aquelles curtos periodos, da mesma forma
que eu estudei, para ajudar á missa, ao abbade
da minha aldeola, e fallei em latim, mas venham-
me cá perguntar o que significavam taes palavras,
na nossa linguagem! Venham, que estão servi-
dos! É o mesmo que acontece a esses latinistas
que para dar a entender que são *alguma coisa*, di-
zem muito pomposamente que estiveram em Colm-
bra! Isto não é só no latim, é em todas as mais
classes de estudo.

Garrett não era assim; aquelle cerebro infati-
gavel, jamais se conhecera cançado, com a vasta
amontoação de pensamentos, conceitos e precon-
ceitos de que andava sempre inçado. Nada lhe
saciava a sede de aprender que o devorava.

Tudo quanto até ali fizera mover os nobres

filhos de Guttemberg, em todas as nações e linguas cultas na Europa, era pouco, e mesquinho para encher o vacúo que tinha aberto na sua imaginação fogosa. Todos os livros tinham merecimento para elle; porque em todos encontrava uma novidade, e uma coisa proveitosa. Em fim, n'aquelle ser excepcional, promettia-nos, o mais completo encyclopedico; e se ö não chegou a ser, póde-se attribuir á sancta causa em que se envolveu ainda moço, e não á energia, porque essa molestia glutinosa, nunca lhe roçàra, nem levemente pelas vestes. Ali começou o excellente estudante a desenrolar ante ós olhos avidos da republica conimbricencé as empoeiradas e amarellas folhas de papel onde guardava as escreveduras que fizera na ilba Terceira, a occultas do tio e de seu pae, onde só sua extremosa mãe tivera occasião d'ouvir com summo prazer, aquellas expansões do estro que despontava apenas! e já era tão fugaz e creador. João Baptista como deixamos dito, mostrára ao tio alguns quartos de tragedia que escrevera em creança, e não recebendo d'elle uma apreciação como entendia, — porque D. Alexandre em litteratura não gostava de discutir — resolveu-se a esconder os versos aos seus olhos; e por isso as suas producções infan-

tis só se revellaram embaladas pelas, auras da
Fonte dos Amores, essa encantadora irmã de Hyp-
pocrenne e Castalia, que tanto inspirou o primeiro
cantor de Portugal! Os seus companheiros, rece-
beram-n'o com enthusiasmo delirante. Abraça-
ram-n'o, deram-lhe vivas e acompanharam-n'o a
casa em triumpho. Estava coroado poeta!

Estes repetidos e quasi loucos applausos, com
que tamanha alluvião, festejou o apparecimento
das suas auroras poeticas, infundiram n'elle ain-
da mais amor pela litteratura, e levaram-n'o a
um novo hemispherio, onde a natureza era mais
productiva, e a poesia brincava leda e jovial, so-
bre as azas da brisa que agitava as ervinhas es-
padaneas e enrugava o rosto dos regatos victrios,
e se alevantava depois de fatigada, para ir agasa-
lhar-se em seu cerebro pensador.

Nas vastas margens d'aquelle Mondego, tão su-
blimemente festejado pela harpa do immortal can-
tor da desgraçada amante — esposa do rei *Justi-
ceiro*, assentado na relva rociada, e nas pedras
musgosas, era onde o tenro neophyto das camme-
nas, ia pulsar as cordas da lyra d'alma, contem-
plando os cachões espumosos das aguas, e nos
curvados salgueirães, onde soluçava o zephyro
com suavidade, e trinava o passarinho apaixo-

nado, dando parte da sua existencia, á meiga ave-
sinha que colhia nos ·pantanos, os vermes para
alimentar os tenros filhinhos que esperavam no
ninho entre as folhagens e nas mattas selvosas.
Era n'aquelle paraiso, que o poeta se ensaiava pa-
ra subir aos astros nas azas da inspiração, e can-
tar as bellezas que a natureza apresentava no ma-
tisado dos prados, no aroma das flores, no expes-
so das arvores, no gorgear canoro dos cantores
plumosos dos vergeis, no balar dos rebanhos que
percorriam os pendores dos montes, no sussurro
monotono e fleugmathico das nascentes d'agua, e
no murmurio dos cachões que se despenhavam
espadanados no vasto sulco que ali corria! Foi
n'aquelles campos tapetados de hervinhas molares
e frescas, que rodeiam a vasta metropoli de to-
das as sciencias portuguezas, que o novel poeta
desprendeu seus vôos fogosos, elevando-se qual
aguia possante, ás alturas da idealidade e re-
montando as destendidas nuvens que povoam
sempre as regiões do Zenith. Foi n'aquelles dili-
ciosos outeirinhos, rivaes de Tempe e de Phoci-
de, por entre os renques frondosos que elle es-
cutou os bravos freneticos e dilirantes da grande
republica, e onde lhe cingiram na fronte espaço-
sa, um laurel explendido, que o lêvava á digni-

dade de primeiro poeta da academia. E em volto em tudo isto, os seus estudos galopavam com espantosa velocidade, tomando a dianteira aos cóllegas que primeiro mofavam d'elle, pela reprovação que soffreu ao entrar na universidade! E os professores começavam a estimal-o, e a ligar-lhe mais attenção do que áquelles que luctavam todos os dias com os verdeaes.

N'éste tempo ainda elle não revellára a sua veia poética aos professores, mas correndo algum tempo e sendo apertado fortemente pelo lente de mathematica e algebra, indignou-se e pespegou-lhe com um soneto nas bochechas que fez erguer todas as aulas! O mestre gostou da composição e elogiou-o muito. D'ali para o futuro todos lhe chamavam poeta em (plenos geraès,) e as suas producções eram lidas com enthusiasmo, até pelos professores mais orgulhosos em materia de litteratura. Correram tempos, e o poeta era incansavel nos seus lavores poeticos. N'este comenos, veio despertai-o um novo sentimento!

Leu muito, viajou com attenção pelas aventuras mais notaveis do amor, e desejou amar. Mas amar a quem? Era provavelmente esse o seu constante pensamento; amar quem o amasse tambem. Mas esse *quem* estava ainda occulto atraz

dos, bastidores·do. impossivel. Vercejou. Faltan-
do-lhe.por fim o asumpto para tamanha collecção
de versos. como ambicionava,..saiu das aulas, um
dia, e foi percorrer os arrabaldes. de. Coimbra
em procura·de. assumpto para. um poema. ·Na
margem d'um ribeirinho descubriu um vulto. Des-
ceu ao local, e viu... viu uma mulher!

Nada mais natural — dirá o leitor. .

Olhou-a, ella. olhou-o e retirou-se. Tinha en-
contrado o.ramo de Sybilla! Frequentando aquel-
les sitios a miudo, via sempre a nayade, e tan-
tas vezes se viram que se amaram. Por. fim visi-
tava-a todos·os dias, e ella lá estava sempre, no.
seu posto. Um dia porem, a nympha.não lhe ap-
pareceu. Retirou-se a casa, e deitou-se, com a fir-
me·tenção de ir no dia seguinte; foi, e não a
viu! Passaram-se mezes, e o regato corria da
mesma forma,—mais triste só —, as margens eram
ledas como outr'ora, mas a deusa não contem-
plava a corrente como era.costume. Tinha desap-.
parecido! Então o poeta tornou-se scismatico; e.
ia esconder-se, nos ermos mais solitarios,.para
desaffogar das suas magoas. Ahi é que elle era
sublime e grande; ahi é que elle era poeta. Quem.
o quizesse. admirar, era embrenhar-se por entre
as cepas, ramalhudas dos vallados, e contemplal-o

silenciosamente, quando estava immerso nas suas
intimas cogitações. De espaço a espaço, erguia a
fronte de repente, como se acordasse d'um somno leve, e fitando as verduras que o rodeavam,
murmurava com voz triste: «Annalia? Annalia?.:
Quem te arrebatou dos meus olhós?» — suspirava
elle com a voz queixosa do homem, ou antes do
poeta profundamente apaixonado pela visão que
lhe levou uma nuvem procelosa. Quem era essa
Annalia, leitor? Que segredos existiriam entre ō
poeta e a possuidora d'um nome que tanto o impressionava, e lhe vibrava tão meigo e saudoső,
nas fibras mais intimas da alma de poeta? Não
sabes, leitor amigo e condescendente?!... Era
aquella, a quem elle, tencionava dar a colhêr os
seus affagos d'amante apaixonado? e... Perdão
leitor ou leitóra! a penna ás vezes enlouquece, e
escorrega.... A nympha não appareceu mais. O
poeta continuou a frequentar as aulas e fez tantos versos que se esqueceu do amor; continuou
a amar, mas os seus amores antigos, seus paes,
seu tio, seus livros, seus poetas e seus amigos:
— «Fiz versos como um desalmado,» — diz elle
na introducção d'uma de suas obras. Comprehende-se aqui que versos são infaliveis para
serenar as sezões amorosas. Eu por mim não sei;

tenho feito os meus versinhos medidos a compasso, mas sem amor, até já fabriquei um folheto d'elles uma noite para distribuir pela manhã, como ouvi dizer ainda ha pouco tempo, a um 'distincto escriptor.. «Que a litteratura de hoje, se faz de noite para vender pela manhã»

Mas vamos ao assumpto principal.

. Por esta occasião escreveu Garrett uma satyra ao desalmado critico José Agostinho de Macedo que era um dos seus maiores inimigos. Essa composição anda agora juncta ás *Folhas Caidas*, e algumas fabulas e contos tambem d'esse tempo. Começando o poeta a roçar nos vinte annos, recebeu um golpe mais fatal e fundo do que a sua Annalia lhe deixára no coração que logo sarou passados alguns dias de dilirio poetico, poetico só, já se sabe. Sentiu entrar n'aquelle peito generoso e sensivel, um ferro sangrante, que não o prostrando por terra, avivou-lhe grandemente as lavas da imaginação, e forneceu-lhe uma divina inspiração, para revellar mais vantajosamente, quanto podia o estro que o queimava. Erá um assumpto grandioso; e digno de ser aproveitado por aquelle talento singular, que não hesitava para avançar, alem das regras de Couto Guerreiro, nos edificios metricos, que nos deixaram no mesmo ponto em que esperavamos um ,mestre para ensinar a fazer,boa, poesia ou.,canora ao menos, porque diz Vigny,. no.seu drama Chatterton, que para o poeta,não ha mestre, é a immensidão que a nossa vista abrange. Então Garrett influido por seus amigos e mestres, que lhe haviam laureado a lyra enternecedora, resolveu-se a dar amplo desenvolvimento, a esse facto que feriu subita e profundamente, a universidade e os conimbricenses; e rasgou o sendal com que occultava a lyra aos olhos enrugosos de muitos doutoraços antigos que se jactavam de estar em estreita convivencia com as musas patrias, mas, que finalmente mostravam-se pescadores de termos pomposos, e gamelladas philosophicas, como dizia, creio que o veneravel padre Sancto Agostinho. O estro de Garrett, rebentou então em torrentes impetuosas do limbo em que jazera ignorado por muitos, e desferiu com estranha inergia, as cordas da sua alma, que desillusões mundanas ainda não tinham estallado;—esses vermes roedores que tão cêdo começam a germinar nos mancebos, principalmente n'aquelles que, creanças ainda, se sentem queimados pelo fogo dos sentidos e attrahidos pelo iman feminino, na meza d'orgia, ou perdidos no vortice da extrema dissolução, que faz bra-

mir o organismo, e [...] poeta complectamente [...] val-os ao supremo [...] ta amara, e amava ainda, [...] vicio que queimam, [...] ma e espirito. Amava [...] e de poeta, porque [...] poesia, como disse [...] ou philosopho.

O assumpto fôra a [...] ma d'um cathedratico [...] sempre amado e respeitado com ven numerosos alumnos que [...] dade em que Garrett se [...] pantosos progressos. O [...] se chêio de enthusiasmo, e [...] ligeiro aos apraziveis [...] embalado por essa [...] sia, modulou uma elegia, [...] encheu de pranto é [...] cos que lh'a ouviram [...] dencia d'alma. Todos os [...] te abraçaram o discipulo [...] mente a saudade que [...] do mestre. Esta producção [...] su poeta, revellava [...]

ALMEIDA GARRETT

mir, o organismo, e entontece, quando não amputa complectamente os voadoiros que tentám leval-os ao supremo engrandecimento. João Baptista amara; e amava ainda, mas não os bordeis do vicio que queimam, ensandecem; e mattám alma. e espirito. Amava com a influência de joven e: de poeta, porque onde não ha amor não há poesia, como disse algures, não sei que pensador ou philosopho.

O assumpto fôra a morte rápida e sentidíssima d'um cathedratico da universidade, que fôra sempre amado e respeitado com veneração pelos numerosos alumnos que estudavam aquella faculdade em que Garrett se alistára, e fizera já espantosos progressos. O incansavel poeta ergueuse cheio de enthusiasmo, e inspiração, e subindo ligeiro aos apraziveis outeiros do seu Helicon, embalado por essa viração embalsamada de poesia, modulou uma elegia, ou nenia funebre que encheu de pranto e gratidão a todos os academicos que lh'a ouviram recitar com toda a sua cadencia d'alma. Todos os amigos do fallecido lente abraçaram o discipulo que cantava tão sublimemente a saudade que lhes despertára a falta do mestre. Esta producção do nosso esperançoso poeta, revellava sufficientemente a bondade

que manára sempre na alma do erudito e pru-
dente magistrado. . . : .' h i · ·'

·· Poucos dias depois, abraçado a Eschylo, es-
creveu uma tragedia em cinco actos, que encer-
rava algumas coisas boas, e que se representou
pelos amigos que o influiram para a pôr em sce-
na. Garrett não foi muito feliz na representação,
mas os que a conheciam, e amavam a poesia pe-
diam-lhe copias, e por fim aquasi que a sabiam de
cór. Escrevendo tambem na mesma epoca, a sua
Lucrecia, tragedia ainda de mais subido merito,
que tambem não saiu á luz da publicidade como
a ultima, pela muita modestia do auctor, ficou o
poeta gosando na academia de uma tão subida re-
putação poetica, como nenhum dos seus companhei-
ros foi capaz de alcançar, não obstante os grandes
exforços que fizeram. Os estudantes mais instruidos
andavam sempre a pedir-lhe que repetisse a lei-
tura d'esta ultima, porque diziam que sempre que
a ouyiam lhe encontravam grandes novidades.

Elogios, e amigos das lettras não lhe faltaram por
essa occasião, e a par d'estes laureis que tanto
merecia, e tão bem lhe ficavam n'aquella fronte
soberba, soffreu tambem as successivas imperti-
nencias da grande republica que principiava a di-
rigir a palavra ás musas, mas das quaes colhia mal

articuladas respostas. Entre esses fabricantes de regrinhas desiguaes como lhe chamá o sr. Castilho, que molestavam impiamente Almeida Garrett, contavam-se alguns que davam esperanças de fabricar mais tarde alguns versos soffriveis, como José Frederico Pereira Marrecos estudante de Jurisprudencia, José Maria Grande, estudante de medicina que veio a ser soffrivel orador parlamentar, o padre Emygdio, e muitos outros que viam em Garrett um ente para occupar mais tarde o distincto logar que ficára vago pela morte agonisante do desditoso Camões, que expirára abraçado ao leal escravo da ilha de Java, e baixara á morada commum, olvidado de todos os portuguezes ingratos, a quem legara a maior maravilha poetica que se tem visto no reino das noventa leguas, e talvez em toda a Europa, um genio para contar em melodiosos versos, as vicissitudes que o esperavam, qual outro Fernão Mendes Pinto as contara em elegante prosa. Passados alguns mezes, depois d'este acontecimento luctuoso, achou-se o poeta muito doente, e recolheu-se a casa.

Achando-se melhor, e voltando a frequentar pelo meiado de 1820 as aulas, ainda não complectamente restabelecido, continuou com as suas tarefas litterarias, com crescente admiração dos seus

collegas no anno, e mesmo dos lentes da univer-
sidade.

Por 'esse tempo entregou-se a uma composição,
que eu julgo suficiente, para se chamar desas-
sombradamente poeta a quem a fizésse. Mas não
poeta só quanto á arte ou elegancia, poeta de co-
ração e alma! Foi uma ode admiravel ao trium-
pho da liberdade nos fins de 1820, que recitou
em geraes, na sala dos actos grandes da univer-
sidade, em que exclama para o numeroso audi-
torio com aquélle puro amor da patría sasona-
do com os reflexos das chronicas romanas, onde
viajara attento e vira revellados os premios com
que baixaram ao régelo do sepulchro os pugna-
dores da liberdade:

> «Ergo tardia vóz, mas ergo-a livre
> «Ante vós, ante os céos, ante o universo,
> «Se os céos, se o mundo, minha voz ouvirem!»

«E depois de communicar aos ouvintes extasia-
dos, as suas sympathicas e nobres ideias, as cren-
ças e anceios que alimentava, prosegue com o

mais fundo sentimento, que póde existir nos seios
de uma alma generosa e sensivel:

«Não posso tánto ; não me atrevo ó socios,
«Mas tenho um coráção que é Lusitano,
«Mas tenho um coração que é livre, é de homem:
«Livres cómo elle, minha voz meu brado,
«O que a alma sente, vos espalhe n'alma
« E o grito da razão troveje ao mundo!
«Livre! Ah! livre um portuguez foi sempre.
«Sim: que essa infame sórdida caterva,
«Esse rebanho vil de vis escravos,
«Que ao sceptro da ignorancia insensим curvos,
«Esses... esses oh! Lusa academia,
«Do nome portuguez, Vergonha opprobrio,
«Portuguezes não são, jámais o foram.»

Não é esta uma grandiosa concepção d'um ado-
rador da terra em que nasceu? Quem deixará de
amar o poeta que arranca do peito violado pela
doença; tão sublimes estrophes que deleitam com
melodia, enthusiasmam; exaltam com sua ideia
firmada sobre a verdade, e que são capazes de

despertar o amor ·pela liberdade ao maior dès-
pota do mundo? Quem?!... Quem terá ánimo pa-
ra negar um monumento glorioso a quem des-
carrega uma trovoada d'estas, sobre esses mons-
tros vis e sedentos do despotico goyerno? Quem
se não· curvará diante d'um apostolo tão leal, da
sancta causa liberal?

Tão alto brado de puro patriotismo, deve fi-
car gravado ecternamente nos corações dos ho-
méns liberaes que o escutaram, para que o repi-
tam diante de todos os que se presam de ser fi-
lhos d'esta abençoada terra de Portugal. Um poe-
ta assim, merecia aquasi, as palavras com que o
meu querido Palmeirim. festejou o cantor dos
grandes feitos da Lusitania antiga:


«Era um astro fulgurante,
«Era um poeta gigante
«Tinha mais alma que o Dante
«ContaVa com· mais amor!»


Eu se tivesse ideias de ser um dia poeta, e re-
solvesse evocar tal genio n'um·verso, parece-me
que diria proximamente:

Oh ! que risonhas esp'ranças
Dava Garrett na lyra !
Quem não amia tal poeta?
Quem por elle não suspira?

Quem n'uma idade d'aquellas
Erguera tão alto brado?
Quem ouvindo-lhe a voz meiga
Não se sente enthusiasmado?!

Quem tão poeta nascera
Como o cantor de Camões?..
Quem, sob as plagas do exilio
Soffrera tantos baldões ?

Quem tanto se resignara
Ante as agras decepções?
Quem fôra tão lauréado
Pelas mais cultas nações?

Só Camões ergueu mais alto
O seu ecco snblimado.
Nenhum genio Lusitano
Cantara tão inspirado !

Mas surge alfim um gigante.
Contando-lhe a negra sorte, 'i
O que em vida lhe negaram,
Deu-lh'o—Garrett na morte!


Nenhum poeta além d'elle,
Como Garrett cantou:
Nenhum poeta mais nobre
Nenhum mais alto voou!


E que tal? não me ia esquecendo da prosa em
que me embrenhei entrando por esta selva en-
redada! Mas já volto a ella, apesar de me ser
muito ingrata, pondo-me barreiras, e mostrando-
me precipicios que fariam tremer genios mais
animosos do que eu. Em seguida ás tragedias
*Xerxes* e *Lucrecia* escreveu Almeida Garrett uma
terceira, a *Merope* que principiara em 1819, obra
que revelia já mais vasta erudição, do que em-
pregara nas mais, muito engenho, e fecunda ima-
ginação; cujas qualidades essenciaes hão de col-
local-a,—se acaso ainda não a collocaram,—
ao lado dos seus bons poemas. Tem scènas de
grande merecimento litterario e effeito dramatico,
mas não foi nunca representada em consequencia

de o auctor começar por esse tempó a atolar-se
na politica com seus companheiros da academia,
que lhe punham em scena as suas composições.

Esta peça dedicou-a Garrett a sua mãe por ser
uma das primeiras obras de mais vulto que saiu
da sua penna de creança. Se não tivesse tão apa-
gada a reminiscencia que d'ella me ficou dava
uma amostra ao leitor, mas como não a tenho
agora aqui á mão, deixo ficar aqui a minha hu-
milde apreciação, e mais adiante me occuparei
d'esta peça e da sua publicação.

. . . . . . Em prol da patria
Uns obramos c'oa espada; cumpre a outros
C'oa penna honral-a.

(GARRETT.—*Camões*).

## III

Havia pouco tempo que o poeta acabara de
dar os ultimos traços n'esta ultima obra, e já co-
meçava a ferir com seu cinzel aguçado, uma pe-
dra tosca que arrancara em idade mais verde á
borda d'um rio, para formar d'ella uma estatua
em que tivesse o retracto d'uma deusa que lhe
vivera no coração! Era o *Retracto de Venus*, poe-
ma didactico-social, e que me parece referir-se
áquella divindade que elle baptisou com o poeti-

co nome d'Annalia. N'esta obra, o poeta parecia ter desejos de revellar ao leitor que amava já d'outra forma que não a primitiva. Parece que perdendo aquella que amara com o lyrismo de poeta e joven, se envolvera logo no manto da dissolução, olvidando o amor virtuoso. Desenvolve ali ideias tão attrevidamente luxuriosas, que me obrigam a negar o que disse d'elle no capitulo precedente—«Garrett amava... amava; mas não os bordeis do vicio, que queimam, ensandecem e mattam alma e espirito.»

Não o lembro como modelo de virtude para as pessoas essencialmente honestas, porque isso era dizer o que não sinto, mas como uma bella obra d'arte, e do grande conhecimento que o auctor mostra da pintura, é digno de ser lido por todos. E mesmo ainda que não tivesse esta ultima boa qualidade, nada podia adulterar a honestidade das leitoras, porque quem é bom, querendo, nunca será máo. A propria fogueira não estende a lingua para lamber a estopa, sem que um sopro de vento a incline, ou crepite a lenha, e arremesse uma brasa sobre a materia que se inflama. Por isso não se deixe a leitora açoutar por mao vento. e leia este poema. É uma imagem lindissima e bem-esculpturada, mas o que a desfeia horrivelmente são os vestidos extremamente curtos com que se adorna, para se apresentar aos olhos pudicos da sociedade innocente... que quer livros onde hajam exemplos de moral, e não ideias que inflamam o espirito e os sentidos. A phrase é inergica, sem sombras de affectação, e empregada com elegancia e magnifica propriedade, mas a liberdade que Garrett deu ao bico da penna, que a derramou sobre o papel raspou-lhe em parte essa belleza, e salpicou-a com o absyntho da mais devassa impudicicia, e audaciosa sensualidade. Gravitam ás vezes ali pensamentos, que fariam mover com impeto o bruto que Camões disse que a nada se movia. O auctor apresenta a Vénus dos seus sonhos, a Vénus pagã em trajos curtos, n'aquella languidez perdida que provoca o homem, transporta-o do campo da virtude, ás regiões do mais arraigado sensualismo, e o faz arder em desejos de barregão, por que

«Em quanto nas lidadas officinas,
«Forjando o raio vingador dos numes,
«Vive o coxo marido sem receios,
«Já deslembrado da traidora rede, »

«Do Cynereu mancebo entre os abraços .*  ʼ*|*|*|*

«Jáz a esposa gentil ennamorada,  .*|*|* *  *  *|*

«Nas languidas pupilas lhe transluze,  .  *|.*  ..

«O prazer divinal que a opprime e anceia,

«Nos enflamados beijos, nas caricias,

«No palpitar do seio voluptuoso,

«No lascivo apertar dos braços niveos,

«Nos olhos em que a luz quasi se extingue

«Na interrompida vóz que balbucia,

«Nos derradeiros ais que desfalecem...

«Quem do prazer não reconhece a deusa

«No excesso do prazer quasi expirando?

«Sorri-lhe ao lado o filho de travesso,

«E d'entre o myrtho as candidas pombinhas

«C'o estremecido arrulho a dona imitam.

«Ah! se o gosto supremo a um deus não peja,

«Porque mesquinhas leis nos vedam barbaras

«Tão suave peccar, doce delicto,.  .  .

«Antes virtude que a natura ensina.»

N'este e em muitos mais ponctos, tem Garrett muita e muito boa rasão, e julgo que tem todo ó mundo a seu favor porque a natureza manda que se toquem os dois generos da humana cons-

trucção, para que progridam as gerações, e não-
se apartem disolvendo a amizade que é indis-
pensavel no mundo. Continua o poeta:

«D'est'arte as breves horas decorriam
«Aos alheados fervidos amantes,
«E vezes trez rotara o disco argenteo
«Trivia gentil, sem que no Olympio ou Lemnos
«A esposa de Vulcano apparecesse.

«Já na etherea mansão vagos juizos
«Maliciosa forma, a inveja, a intriga
«E sorriso maligno ás deusas todas
«Do marido infeliz incita o fado,
«. . . . . . . . . . . . . . . . . . .
E em busca da infiel vagueia o mundo.
«. . . . . . . . . . . . . . . . . . . .
Tal é paixão zelosa o teu imperio!»

Vou voltar os olhos outra vez para traz, a ver
o que encontro que melhor ligue com a finda ci-
tação.

«Mas quanto é bello, é grato o vencimento,
«Se á dôr suave do pungir fagueiro,
«Da ferida se encontra amigo balsamo,
«E nos olhos da linda vencedora,
«Do ardimento o perdão, brando se acolhe!
«Tu Marte, o dize o Cypreo, o moço o Teucro;
«E vós que ousaes na terra imitar numes,
«Que do summo prazer rompendo arcanos
«N'um momento gozaes da eternidade.»

No fim do poema, indica viver de novo com
Annàlia, em Annalia, ou que ella vivia em seu
coração de poeta apaixonado, por que diz:

. . . . . . . . . . . .

. . . . . . quando natura se empenhara
«Em dar-te ao mundo, carinhosa Annalia
«Um, e um copiou meigos encantos,
«Que, ó minha Venus, te compõem te adornam.
«Ali olhos no quadro; os teus formosos
«Estremada rasgou; ali as faces
«De neve, e rosas, coloriu divinas;
«Foi anninhar-se amor, te abriu mimosa;

«Ali o collo d'alabastro puro;»
«Os lacteos pomos que devoram beijos,
«Do faminto amador; lisas columnas,
«Que sustentam avaras mil segredos;
«Segredos que... Perdoa: eis-me calado


«Volve a meus versos compassiva amante,
«Benignos olhos, para ti voando,
«Da critica mordaz censuras fogem;
«Se accolheres o rude offertamento
«Serão meus versos como tu divinos.»


O resto do poema, quero dizer a parte que fica por citar, que é quasi todo, é cosinhado com temperos d'este genero, mais ou menos apimentados ou insulsos isso nada adianta ou atraza.

Venus, ou Annalia, a deusa que inspirou o poeta, occupa ali o centro do quadro n'uma posição provocadora e sublime, e em volta d'ella estão os melhores pintores, cujos nomes Garrett conheceu, debuxando em suas telas aquellas formas seductoras da estatuaria trabalhada pelo Creador do mixto terrestre e celestial. As admiraveis fórmas d'aquella imagem profana, dominadora dos sentidos do homem, e com especialidade do homem material, tangem as finas palhetas dos pintores que a cercam, nos quaes o poeta mette só o amor carnal, empregnado dè materialismo e depravação de costumes, com seus affectos desmedidamente devassos. Façamos justiça ao poeta: se n'este livro existe uma parte que ultrapassa os limites da chamada decencia, abrange por outra uma face moral, que nos faz esquecer o turbilhão d'ideias que primeiro experimentamos, das mundanidades desordenadas, e instruenos sobre a existencia de homens que ignoravamos pela maior parte, em que epocas floresceram, e qual a sua procedencia. Este poema foi publicado entre os annos de 1820-21 pela antiga livraria Orcel de Coimbra, e foi recebido por conhecidos e amigos do poeta com muitos applausos, e parece-me que ainda mais pelos editores, porque era procurado com summa influencia.

Vulgada desde logo por pertos e longes a existencia do poema phenomeno, começaram varios invejosos a fazer uma guerra medonha a Garrett. Os padres foram segundo me consta, os seus maiores verdugos. Empunharam o azorrague da maledicencia, e com a inveja a ferver no cerebro, pretenderam leval-o ao maior rastejamento. En-

tre esses invejosos, que não sentiam forças para
se igualarem ao auctor do *Retracto de Venus*, ex-
tremava-se o vulto d'esse padre talentuoso, e mor-
daz — Jose Agostinho de Macedo, que com estas
e outras rivalidades, perdeu a reputação que o seu
profundo estudo lhe podia grangear: Garrett con-
servou-se calado ante esses brados modulados
pela inveja dos detractores, que o calumnia-
vam. Deixou-os blasphemar, e guardou o silen-
cio que se requer para homens como os que o
dipprimiam, mostrando-lhes assim o pouco caso
que fazia de taes invectivas. Vendo elles que nada
podiam conseguir com suas accusações estupi-
das, deram-lhe fim, mas protestando começar de
novo a empresa, e fazei-o descer da altura que ti-
nha vingado com os seus voos altaneiros. Re-
gressando a Portugal o Cardeal Patriarcha D. Car-
los da Cunha, que fôra desterrado por se ter re-
cusado a jurar, e dar azas á constituição de
1820, e sendo-lhe apresentado o livro, para o
examinar, juncto com varios juizos criticos d'á-
quelles que o haviam rebaixado, D. Carlos con-
demnou o auctor, e prohibiu logo a venda do
poema com pena d'excommunhão maior. Esta
condemnação foi um grito d'alarma para desper-
tar aquelles que ainda não conheciam o livro de

Garrett, porque se esgotou desde logo a edição apesár de se vendér em segredo. Os ultimos exemplares venderam-se por um preço excessivamente subido, e por fim haviam individuos, que offereciam dois e tres mil reis por elle, e mesmo assim não conseguiam obtel-o. Mas porque se exgotou tão repentinamente essa obra que foi tão calumniada pelos Quixotes coimbrões e Menippes provincianos? perguntará o leitor d'estas memorias que me encarreguei de publicar? Sabes porque leitor?! Porque era o fructo prohibido, e os animaesinhos que inçam este amalgama de rivalidades, são todos descendentes d'aquella habitante do Paraizo companheira d'Adão, que cubiçou os taes pomos do Eden, onde penetrára a serpente sua irmã e companheira, para tental-a a diliciar tambem o paladar de Adão. O fructo prohibido foi sempre cubiçado, e será em todas as gerações que sobrevierem aos nossos dias. Esta condemnação que o Cardeal Patriarcha carregou sobre Garrett, não o abalou nada, porque se riu quando soube tal novidade! Tractaram de lavrar o processo, formado sobre a lei da liberdade d'imprensa, e pouco depois remetteram-n'o para Lisboa. Garrett, partiu logo para a capital, sem o minimo susto, resolvido a deffenderse das garras da justiça, e refutar as arguições parvas e quasi injustas, que lhe, haviam feito os seus inimigos e invejosos, sobre o assumpto do poema e seu desenfreamento d'estyllo. Parece-nos que depois que se estabelleceu em Portugal, a liberdade d'imprensa, foi esta a primeira obra que soffreu prohibição, e este caso, tornou-se logo tão notorio em quasi todo o paiz, que chamou a Lisboa os homens que avultavam mais na republica litteraria. Por esta epoca, já Garrett possuia a carta de bacharel da universidade, e parece, que este acto a que ele ia assistir, lhe era decretado pela Providencia, para alcançar uma nova coroa de louros, alem da de poeta, que todos lhe davam pelos seus brados altivos, — a coroa d'orador, porque se lhe proporcionava uma bella occasião para revellar aos portuguezes, esse grande dote, punindo pelos seus proprios direitos. Chegando o dia do julgamento, apresentou-se João Baptista no tribunal competente, perante o conselho, de jurados; e perguntando-lhe á hora extrema pelo seu advogado de deffeza, mudo e jovial, respondeu — que o advogado melhor para o *reu* que não teme, era o mesmo reu. Esta resposta foi recebida pelos circumstantes, como a affirmação de existir no *reu* uma força

maior. Preparado tudo, e chegando o instante de
começar o julgamento, ergueu-se o poeta, enca-
rou firme, juizes e jurados, é começou a deffen-
der-se com tão moderada prudencia, e fogoso en-
thusiasmo, que deixou extacticos e enternecidos
os seus julgadores, e a sala expessa d'ouvintes, que ali
affluira para ver aquelle julgamento de novo genero.
Á vista de tão eloquente e desataviada oração
foi logo o reu absolvido, e abraçado com dilirio
pelos homens que gosavam então os melhores pos-
tos na litteratura, que tinham comparecido no tribu-
nal, para depôrem as suas plenas ideias a favor do
poeta nascente. Entre esses padrinhos que foram
assistir ao duello travado entre o joven Garrett
e o conselho de jurados, achava-se Pato Moniz,
um dos mais aguerridos e conspicuos deffensores
dos talentos que soffriam a pedrada traiçoeira
dos desalmados e maldizentes.

Todos os homens prudentes que escutaram
o poeta, lhe louvaram o procedimento, é dirigi-
ram-lhe palavras tão bondosas e sinceras, que lhe
affiançavam mais tarde, um lugar distincto na
tribuna portugueza. Por esta occasião, Outubro
de 1821, (1) estabeleceu o poeta a sua residen-

_____

(1) Veja-se a nota no fim.

cia definitiva em Lisboa, e começou logo a afundar-se nas fomentações politicas, que tinham ramificações em todos os pontos do reino. N'esta epoca, acclamava-se a liberdade por toda a parte, em baixas e altas vozes, e Garrett, sempre amante apaixonado d'essa mãe d'opprimidos, d'essa rainha laureada do mundo, ergueu quanto podia a voz de filho leal, e os voos do pensamento para que ella florecesse sem ser tocada pelo sopro maligno do despotismo que pretendia calcal-a impiamente, para não mais a ver erguida.

Foi então que o poeta delineou com a sua penna explendida, o seu admiravel *Catão,* e o concluiu em poucos dias a pedido d'alguns seus amigos e varias pessoas illustres, até desconhecidas, que souberam a grandiosa tragedia que promettiam as primeiras scenas, que o auctor recitára n'uma reunião familiar. Foi tal o enthusiasmo com que essas pessoas acolheram á ideia liberal de Garrett, que segundo elle mesmo affirma no prefacio, nem lhe deixaram tempo para o expurgar de rebentos peccos e infezados, cujo nascimento nenhum escriptor evita por muito perfeito que seja, e lh'o foram arrancando d'entre mãos, á maneira que elle o escrevia. Emquanto elle esboçava um acto ensaiava-se o precedente no meio dó vivo enthusiasmo dos assistentes que eram numerosos. O mesmo succedeu ha alguns annos ao saudoso e grato discipulo do poeta, o sr. Gomes d'Amorim, com o chorado actor Epiphanio Aniceto Gonçalves quando escrevia a sua peça melodramatica intitulada *Figados de Tigre* que o illustre coripheu da scena portugueza ensaiou pelo primeiro borrão que o poeta minhoto tinha feito, diz elle, que *por brincadeira*, mas apesar d'isso o melodrama galhofeiro do protegido de Garrett, teve bastantes representações, e foi redondamente applaudido no theatro de D. Maria II, durante o carnaval de 1857.

Mas voltemos ao *Catão* e a seu auctor.

N'esta composição tão perfeita quão desejada, esmerou-se Garrett com tanto cuidado e paixão, nas ideias que desenvolve, puramente liberaes e um tanto amarradas aos acontecimentos que se davam n'esse tempo em Portugal, que depois de a ver representar pela sociedade de curiosos que se propoz a isso no antigo theatro do Bairro-alto, em Novembro de 1821, ainda lhe corrigiu, alguns defeitos de pouca monta, que lhe encontrou e coheceu que podia fazer melhores essas situações. É uma concepção maravilhosa, esta tragedia do amante de Annalia! Como é tocante e commovedora esta scena de Catão ferindo-se mortalmente em Utica, quando sente as passadas do depravado Decio, subdito de Julio Cesar, e proferindo estas palavras, ao baquear em terra com o golpe fatal !

«Oh! Roma, oh! Roma! oh! minha patria !
«Já não ha mais que a vida,—eil-a, recebe-a:
«Vamos ao menos junctos ao sepulcro!...»

Quem seria capaz de a crear mais bella e apaixonada do que o coração nobre e liberal do grande Garrett? Que paixão tão vehemente alimentava elle pela liberdade, quando mandou proferir estas palavras por Marco-Bruto, na scena primeira do primeiro acto:

«Sei tudo:—e tudo n'alma tenho impresso
«Em fogo,—que incessante m'a devora,
«Mas ao peso da sorte inda não curvo:
«Tenho no peito coração romano;
«E emquanto a espada do tyranno Cesar
«M'o não souber varar, não cedo a Cesar...

E a falla de Manlio na segunda scena do segun-
do acto! Que jacto tão admiravel de inspiração,
verteu ali o inspirado poeta!

«A minha vóz Catão, tu bem o sabes ;
«A minha vóz o meu sincero empenho,
«Todo o meu coração é pela patria
«É pela liberdade. Ah! este braço
«Que ora treme de velho, já foi rijo
«E pelejou por ella.—Mario Sylla,
«Catilina me viram sempre á frente
«De seus mais resolutos inimigos.
«Esta lingua que mal hoje articula
«Ineloquentes sons, já deu mais forte
«Brado na curia; nem se ouviu meu brado
«N'outra causa senão da liberdade.
«É tremula hoje a voz, tremulo o braço
«Mas em Pharsalia não tremiam... Padres
«Desculpae, perdoae,—um derradeiro
«Lampejar de decrepita vaidade...
Que fiz eu? o que todos vós fizestes.
«. . . . . . . . . . . . . . . . . . .
«Poucos dias de vida enferma inutil,
«Que me sobram na terra, é sacrificio
«De preço vil e abjecto. Orphão de prole

«Só, deixado n'um ermo ao pé da campa
«Que hostia sou eu para o altar da patria?
«Serve assim mesmo o sacrificio? Prompto
«Aqui está todo o sangue: pouco, frio,
«Sem vida é já, mas de vontade; e facil
«Hade deixar as congelladas veias.

«. . . . . . . . . . . . . . . . . . . . . . . .

«Não pereçaes em sacrificio inutil
«Vossos dias,—e os teus, gloria de Roma
«Explendor derradeiro de seu nome,
«Catão, esses teus dias preciosos
«Oh! não os barateieis tão sem fructo!
«Cesar teme, respeita essas virtudes
«Que adornam o mais digno dos romanos.
«Tu podes ainda ser o amparo, o abrigo
«Da abandonada patria. A liberdade
«Acabou; mas seus filhos desherdados
«Foragidos, caçados como feras;
«Do monte a casa, e do povoado ao monte,
«Has de desamparal-os, quando podes
«Alliviar-lhe as penas, protegel-os
«Ser-lhe pae? Oh! não posso mais... succumbe.
«O coração tão velho, á magoa, ao...»

E aqui Manlio, sem forças para continuar, e
concluir, senta-se, e dá logar ao nobre Catão que

o escuta, e que atando o fio d'esta falla ao fio da
sua, prosegue:

. . . . . . . . . . . . . . . . : «Nobre
«Coração é o teu—e 'generoso,
«Que as nobres qualidades d'elle emprestas
«A quem não sabe, nunca soube a tempera
«De que taes corações são fabricados.
«Cesar não tem mais sentimentos n'alma
«Que um só —'desejo de poder. D'affectos,
«De paixões de homem, uma só lhe absórve
«As outras todas— ambição

São bellas sublimes e grandiosas, todas as
scenas d'este rico thesouro dramatico-poetico;
que abrange certamente um dos melhores episo-
dios da história de Roma antiga. Respira-se sem-
pre n'esta composição de grande valor, o amor
puro, inalteravel, e immaculado pela liberdade.
Que situações! Que pureza de lingoagem, e que
estyllo tão primoroso, e immutavel! Shakspeare,
Maffei, Alfieri, e Voltaire, não as creariam melho-
res apesar de serem apregoados, como os melho-

res Otragicos modernos. Este drama, depois de numerosas representações seguidas, foi impresso em Lisboa em 1822, acompanhado da pequena farça do auctor, intitulada: Corcunda por Amor que mais tarde foi deitada fóra da colecção das obras complectas, não sei porque motivo; talvez fosse para metter em seu lugar as muitas paginas de introducções e notas, que o poeta reuniu ás edições que se seguiram. N'este tempo era Garrett official da secretaria d'estado dos negocios do reino, em companhia dos seus particulares amigos Paulo Midosi, Rodrigo da Fonséca Magalhães, e Andre Joaquim Ramalho, lugares que alcançaram em consequencia de se terem envolvido nos principios politicos do anno de 1820.

Na mesma occasião que entrou no prelo a primeira edição do Catão, mandou o poeta imprimir tambem a Oração funebre de Manuel Fernandes Thomaz, juncta com uma miscelanea de poesias e discursos funebres recitados na sociedade Litteraria e Patriotica, para mostrar o grande sentimento dos portuguezes, pela morte d'esse gigante orador que Portugal perdera havia pouco tempo. Na mesma epoca tambem se publicava em Lisboa um jornal intitulado o Toucador, sob a direcção de Garrett, e d'outros litteratos distin-

ctos d'esse tempo. Consta que sairam poucos
números d'essa publicação, e que são hoje muito
raras as colecções.

Assim ía vivendo o poeta do *Catão* e do *Retra-
to* entregue ás suas queridas producções, rodea-
do dos seus melhores amigos; no goso d'uma
quasi perfeita tranquilidade d'espirito, — porque
serenidade perfeita e felicidade perpetua é muito
raro encontrár-se — mas essa mésma porção de
ventura perdeu-a por um acontecimento bem co-
nhecido. Vindo alojar-se em Portugal, pela malfa-
dada reacção de 1823, o avaro, estupido, detesta-
vel e abjecto poder do absolutismo, e fazendo
Garrett todas as diligencias possiveis, e ás vezes
quasi impossiveis para que todos os bons portu-
guezes reagissem, e combatessem a par de si
contra o poder immenso d'esse depravado gover-
no, foi mal succedido nos seus intentos ainda que
dominados pelo coração, e sustentados algum tem-
po com dolorosas fadigas.

Baqueando a constituição com o peso bruto e
desmedido d'aquelle vasto pinhal de tyrannos,
foi Garrett exonerado do emprego que gosava
desde 12 d'Agosto de 1822, e soffreu junctamen-
te uma perseguição carniceira, e ordem de se au-
sentar de Portugal, sob pena de pagar por alto

preço a ousadia de arremetter com um partido,
que regado pelos dêtestaveis Caligulas modernos,
(1) se enraizára profundamente n'esta nossa aben-
çoada terra, digna de melhor sorte. O poeta guar-
dou silencio por algum tempo, sem fazer maior
caso dos rugidos que revoavam por toda a par-
te, e acolheu-se a lugar seguro, esperando que
serenassem os animos d'essa cohorte vil que o
perseguia, e a tantos que partilhavam as mesmas
ideias.

Muitos d'estes ultimos já erravam em Inglater-
ra por esse tempo, abrigados com doceis de ne-
voeiro, e com poucos meios de subsistencia : al-
guns viviam debaixo da protecção dos nobres
portuguezes felizes, que ali viviam para não ve-
rem a miseria que ia na patria, nem ouvirem os
gemidos de seus irmãos. Outros agachavam-se
naś cidades principaes da França, para conserva-
rem ao menos as vidas, já que haviam perdido as
esperanças de salvar a patria.

(1) Veja-se a nota no fim.

. . . . . . . D'indignado
Ergui a voz, clamei contra a vergonha
Que o nome portuguez assim manchava!
Em vão clamei, minhas verdades duras
Molle ouvido os tyrannos offenderam.
Puniu desterro injusto a minha audacia.

(Garrett.—*Camões)*

## IV

Chegando o mez de Junho de 1823, e não ces-
sando as cruas perseguições aos apostolos da li-
berdade, o poeta resignou-se a soffrer os espi-
nhos do desterro, e com os olhos ensopados em
lagrimas não sei se de raiva, se de paixão por
lhe roubarem tão indignamente o seu ninho pa-
trio resolveu-se a emigrar. Aconselhando-o os seus
amigos a que não deixasse a patria, respondeu
que preferia acceitar o nome de mendigo nas es-
tradas do exilo, implorando o sustento escasso,

ou morrer á mingua n'essas plagas remotas, do
que recostar-se em alcaçares reaes, curvado a
um governo que abertamente detestava. Que, ou
havia de viver livre em sua patria, ou jamais im-
primiria n'ella, a mais leve pégada. Aquelles que
o amavam, e não sentiam animo para o ver sair
as agoas do Tejo, insistiram ainda com elle, para
que se conservasse no paiz porque possuia um
braço inergico, e uma voz eloquente, que podiam
contribuir para o arrancar das garras despoticas;
mas o joven tribuno, era tão constante em suas
ideias e resoluções, que não obedeceu a nenhum
d'esses pedidos, e emprehendeu a sua viagem a
Inglaterra. Pouco depois chegou a Londres cheio
de resignação ante os agros vais-vens da sorte,
e foi visitar alguns seus irmãos do infortunio que
se agachavam nas margens do largo Tamiza. Vi-
sitando em seguida varias ilhas brittannicas e al-
guns povoados mais dignos d'admiração, voltou á
capital dos inglezes, e ahi residiu juncto dos seus
patricios até Fevereiro de 1824.
Publicava-se então ali um jornal portuguez, de-
baixo da direcção dos emigrados, intitulado o *Po-
pular*, e Garrett em quanto lá esteve escreveu al-
guns artigos que sairam á luz n'esse orgam por-
tugueza

Em Março resolveu-se a deixar o Tamiza, e substituil-o pelo Sena, e logo embarcou só, sem nenhum amigo por companheiro de viagem, para França onde chegou em Abril, e foi fixar a sua residencia no Havre de Graça juncto com varios portuguezes que ali se tinham refugiado. N'ésta ultima cidade, aos sons dos marulhos do filho de São Seine, e refrescado pela viração do Sena inferior, foi que elle começou a escrever o seu Camões no dia 13 de Maio. Durante a sua curta estabilidade n'aquélla paragem, até Agosto do mesmo anno, foi muitas vezes visitar o cabo de Normandia e Ruão, capital d'aquelle departamento, onde ao lado d'outros portuguezes seus amigos, tambem infelizes e proscriptos como elle, passou algumas horas felizes recitando contente os seus querídos versos, com que se esquecia das suas desgraças e de seus conterraneos, e das calamidades que assolavam a patria, que o faziam andar errante, por climas longinquos, e à tantos seus companheiros, que haviam enrouquecido tambem como elle gritando em prol do governo liberal, que esbarrara no charco infesto que fabricára o fallaz despotismo. Ali e no Havre, foi que elle deu os melhores traços n'aquelle poema precioso e quasi incomparavel; naquella metropoli de tudo que

existe grande, são, sublime, e portuguez de lei;
n'aquella elegia immensuravel inçada de rique-
zas, que é capaz de fazer poeta o ente mais enfe-
·zado e prosaico que Deus tirou da argilla,—a que
sellou no rosto o nome egregio de Camões! Ca-
mões!! ·o talento monstruoso que encheu de es-
panto e admiração os maiores gigantes do uni-
·verso, e fez tremer os palmares d'aquem e alem
Ganges com os reflexos fulminantes do astro que
lhe ardia nos seios, e que depois se apagou len-
tamente, assombrado pela indifferença de seus
irmãos do berço! Camões!!—que admiravel epopéa
existe sob este nome tão digno de respeito! Se
o sr. Alexandre Herculano recebeu, e gosa ainda
a gloria d'inimitavel, creando Eurico, esse roman-
ce-poema ou poema-romance, rival das melhores
epopéas do inspirado escossez Walter Scott, Al-
meida Garrett, se acaso não lhe passou os limi-
tes, nem trabalhou com mais constancia, foi de
certo mais proveitoso, (1) ao paiz e á sua litte-
ratura, cantando o gigante a quem hoje Portugal
se ufana de ter sido berço, assim como na inno-
vação e aperfeiçoamento da poesia moderna, ex-

_____

(1) Veja-se a nota no fim.

pungindo-lhe' a eiva mythologica', de' que os anti-
gos gregos e latinos a tinham empregnadoɟ mis-
turando o profano com o divino, e pondo os deu-
ses، do paganismo a' fazer holocaustos ao Deus
verdadeiro.

 ، O proprio Camões usou d'essas imagens dos
athenienses que Garrett degredou pela maior parte;
:mas este apesar de prestar tão valioso serviço ás let-
tras, mostrou n'este ponto não seguir à risca as doù-
trinas que o méstre lhe deixára n'aquelle livro su-
blime dos *Lusiadas*. Comtudo depois do condes-
cendente amigo de Jau, nenhum poeta nos apre-
sentou um poema com tantas sublimidades como
encerra o seu *Camões*! Quem depois d'esse gran-
de،. poeta ، què elle: :canta no seu livro, ferira tão
destramente os bordões d'uma lyra portugueza?
Quem se atreverá a disputar a Garrett,· a coroa de
myrtho que lhe orna a fronte respeitavel, ou ne-
gar-lhe ₀ lugar de primeiro poeta peninsular da
escola moderna? Quem ousará conceber o pensa-
mento de se medir com tão agigantado collosso?
Eu estou convencido que ninguem entrára em tal
commettimento; porque passaria pela vergonha de
o contemplar do baixo rastejamento, como o cão
que sentado á porta do casal, arremette com a
rainha da vastidão estellifera, aos primeiros vis-

lumbres da noite, e conhecendo-se vencido, vae descançar no palheiro, protestando não entrar mais na louca empreza de ladrar á lua.

Um escriptor de merito, disse que Garrett era uma litteratura inteira, e outro ainda deu mais alguns passos a favor do grande genio, porque asseverou que era uma nacionalidade que resuscitava; e o infeliz Lopes de Mendonça era n'este poncto uma das melhores auctoridades, e quanto ao meu humilde entendimento, o folhetinista mais elegante e consciencioso que floresceu no tempo do creador de Frei Sueiro. (1)

Eu, sem ambicionar a corôa de escriptor, ou d'outra qualquer coisa, digo sem o mais tenue disfarce, que tudo quanto ha de bom e inimitavel na litteratura que nasceu depois da innovação que fez João Baptista foi revellado por elle no *Camões*, e por Herculano em *Eurico e Monge de Cistér*. São os meus livros queridos! Os sanctuarios consoladores, onde me vou desfazer dos agros aborrecimentos da vida; são a ambrosia, o balsamo, o nectar que me sana os golpes do coração.

Aquellas duas imagens d'Herculano, Eurico e

(1) Veja-se nota no fim.

Hermengarda, são, bellas como poucas tem feito
ranger os prelos, mas as do *Camões* de Garrett,
essas só a um cerebro como o d'elle foi dado
animal-as com tanta felicidade. Que inergia de
pulso! Que elegancia, e que vasta selva de pen-
samentos!

Com que vigor elle descanta aquella saudade
no desterro, e com que puro sentimento a envia
á patria, sobre as ondas revoltas

«Do oceano indomado por tyrannos»

Com que profunda dôr d'alma, e com que di-
vinas palavras, elle abre o delicioso poêma:

«Saudade!—gosto amargo de infelizes
«Dilicioso pungir d'acerbo espinho
«Que me estás repassando o intimo peito
«Com dor que os seios d'alma dilacera,
«Mas dor que tem prazeres—saudade!
«Mysterioso numen que aviventas
«Corações que estalaram e gottejam,
«Não já sangue da vida, mas delgado
«Soro d'estanques lagrimas. Saudade!
«Mavioso nome que tão meigo sôas

«Nos lusitanos labios—não sabido
«Das orgulhosas boccas dos Sycambros,
«D'essas alheias terras,—oh saudade!
«Magico numen que transportas a alma
«Do amigo ausente ao solitario amigo,,
«Do vago amante á amada inconsolavel,
«E até ao triste ao infeliz proscripto,
«—Dos entes o miserrimo na terra—
«Ao regaço da patria' em sonhos levas,
«Sonhos que são mais doces do que amargo
«Cruel é o despertar... Celeste numen
«Se ja téus dons cantei e os teus rigores
«Em sentidas endeixas, se piedoso
«Em teus altares humidos de pranto
«Depuz o coração que inda arquejava
«Quando o arranquei do peito mal-soffrido
«Á fóz do Tejo—Ao Tejo, oh deusa, ao Tejo
«Me leva o pensamento que ésvoaça
«Timido e accobardado entre os olmedos
«Que as pobres aguas d'este Sena regam
«D'outr'ora qvante Sena. Vem no carro
«Que pardas rolas gemedoras tiram
«A alma buscar-me que por ti suspira»

Que mais poderá dizer do patrio ninho, o man-
cebo que se acha na flor da idade, a braços com

a proscripção, e sente estalar com saudade uma
a uma, as fibras mais intimas e preciosas do co-
ração? Que bocca poderá dizer tão meigas e en-
ternecedoras palavras?

Petrarcha, o poeta coroado no Capitolio, modu-
laria melhores versos á sua encantadora Laura?
Ovidio deploraria as desgraças do seu desterro com
mais sentimentalismo ? Não sei porque não os co-
nheço, mas é natural que não ferisse mais do
que Garrett, o coração dos amantes da poesia.
Como é grande e arrebatado o pensamento do
poeta n'esta saudade! E com que vasta erudi-
ção elle explica a força do sentimento que en-
cerra a maviosa palavra *saudade*, e a auctorisa ri-
val de todas quantas abrange a lingua do cantor
d'Ignez, do poeta das *Saudades*, e do sapientis-
simo padre Antonio Vieira!!

«A palavra *saudade*—diz elle nas ricas notas do
seu poema,—é por ventura o mais doce expres-
sivo e delicado termo da nossa lingua. A ideia,
o sentimento por ella representado, certo que em
todos os paizes o sentem, mas que haja vocabulo
especial para o designar, não sei d'outra lingua-
gem, senão da portugueza.

A isto allude o poeta, n'este verso em que lhe
chama ignorado — o termo —

«Das orgulhosas boccas dos Sycambros» ,

«O que particularmente se deve entender dos
francezes,—continua elle,—tão presumidos de sua
lingùa tão apoucada».

Á vista d'este luminoso relampago d'intelligen-
cia do grande poeta, estou quasi resolvido a di-
zer que elle podia transcrever estes dois versos
do velho Camões, no alto do primeiro canto do
seu livro, feita a devida venia ao cantor do ca-
bo Tormentorio, que ha de ser o rei da poesia
portugueza emquanto existirem os *Lusiadas* e a
estatua do Loreto que representa a sua figura
em quanto vivo:

«Cesse tudo que a musa antiga canta
«Que outro valor mais alto se alevanta»

Na verdade, não se erguia um valor mais al-
to, a pulsar as cordas d'uma lyra Lusitana, mas
é certo que se alevantava um pincel, que se não

attingia as formas e côres com que o robusto
cantor do inclito Gama pintára os costumes dos
incolas remotos e os feitos dos antigos Lusós,
dava um colorido honroso nas pégadas do poeta,
livrando-as assim, de serem apagadas pelos pés
dos seculos, e mostrava ao mundo um seguidór,
— em parte — acerrimo e consciencioso das leis
e doutrinas que o grande epico derramára sobre
os seus hymnos sonorosos!

Como é pungente e sublime a dor que o rala
ao contar-nos em tão elegante metro as vicissitu-
des do seu saudoso e querido mestre, do seu Luiz
de Camões!! Em que phrase tão pulchra e estyllo
tão alto, elle descreve os transes doloridos do
auctor dos Lusiadas!! Como delinea com vivas
côres o quadro das varias phases com que a so-
ciedade se rebuça, para occultar as mudanças re-
pentinas dos gestos, e o turbilhão de paixões desen-
contradas que dardejam quasi sempre nos rostos
das suas divinas imagens! Como é tocante e sym-
pathico, aquelle segundo canto, em que o poeta
guerreiro, bùscando repouso ao corpo fatigado,
nas cellas do convento do velho missionario, de-
pára com a sua amada, a sua querida Natercia
no esquife luctuoso; rodeada de padres; e amor-
talhada já, para descer breve á tenebrosa estancia

do repouso do corpo ressequido pela saudade, porque a alma,... a alma, essa... voára já á ecternidade sobre as azas da virtude, e ladeada de nuvens d'incenso da Providencia divina! Como elle acaba a scena lugubre do passamento da infeliz amante de Camões! · - · · · · · · · · ·

> . . . . . . . . . . . . . . . . . «Em tanto
> «Deu a volta fatal e derradeira
> «A chave do ataude ; cae a lagem
> «Sobre a bocca do tumulo. A existencia
> «Se esvaeceu... começa a eternidade.»

E as sublimes palavras com que Garrett manda contar a Camões a historia da perda d'aquella scentelha que jazia apagada em sua fronte, ao lado d'aquell'outra viva e penetrante que o guiava ainda nos caminhos da vida tormentosa e aborrecida:

> «Era a minha primeira lição d'armas,
> «Foi a primeira vez que o mauro alphange
> «Por d'entre os olhos me cruzou co'a morte.
> «Junto a meu pae,—á frente o viram sempre.

«Sobre o imigo baixel a panno cheio
«Caia a nau do seu commando... (Um
«Silvo de pelouro soou.—Mirado a elle
«Certeiro mouro tinha:—estendo o escudo...
«Movimento feliz! salvei-lhe a vida.
«A balla resvalou, e já sem força
«Leve aqui me feriu na sestra face
«E fria aos pés me cae)
        — «Leve ferida
«Que um dos olhos!
        «Oh! dois nos ha dado
«Liberal natureza—Que vale isso!
«Salvei meu pae.»—

Esta é quanto a mim uma das melhores sce-
nas do poema—guardando o verdadeiro respei-
to a todo o canto V e X, que são sufficientes pa-
ra immortalisar um homem.

Aquella imagem puramente historica do bon-
doso fidalgo D. Aleixo, quem a animaria melhor
do que a penna de Garrett? E como é original a
de D. Sebastião, esse mancebo inexperto que foi
levar o corpo ás agras solidões africanas, arras-
tando apoz si, a gloria da nação a quém se cur-

vou o mundo inteiro, vendo passar seus filhos
pela terra baptisando hemispherios desconhecidos,
dando leis ainda nos mais affastados climas do
globo, e navegando sobre o lombo enrolado d'es-
ses vastos mares; com a bandeira das Quinas
fluctuando ao som dos ventos rugidores, que açou-
tavam essas inderruiveis pyramides, erguidas pe-
lo ouro da dissoluta Cleopatra, em memoria dos
seus actos ignominiosos que sibilaram pelo uni-
verso, como ventos maldictos que amputam na
passagem destruidora, tudo que se não curva ao
seu poderio como o abeto da varzea desabrigada.
Que palavras tão cheias de sublimidade elle de-
põe nos labios do seu grande heroe, para elle pro-
ferir ante o monarcha que lhe promette um pre-
mio honroso em paga dos seus serviços d'espa-
da e penna, e com que elegancia de phrase co-
meça e acaba este dialogo travado entre o vate e
o rei nos paços de Cintra, juncto dos cortesãos,
quando D, Aleixo lhe apresentou o guerreiro di-
zendo:

       •Eil-o senhor, o nobre pretendente
     •Que desejaes ouvir
          — •Sim quero ouvil-o
   •Quero e desejo; não ignoro o preço•

«Das boas lettras; nem d'um raro engenho·
, ¿A estima desvâlio: em prol da patria¹·
«Uns obramos c'oa espada; cumpre a outros .
«Co'a penna honral-a.

    —«Se honra a minha penna
«Real senhor; a minha amada patria,
«Dil-o-hão sabedores e lettrados.
«Para servil-a espada e braço tenho
«Que por si fallarão.»

    —«Digna resposta
«D'um portuguez. Honrado sois amigo
«Por tal vos tenho e quero; e abonos vejo
«Em vosso rosto, que voltar não ousa
«Da face do inimigo.—É este.—(Disse
«Fallando aos cortesãos) de quantos d'Africa
«Aqui veem, o primeiro que não falla
«Em suas cicatrizes:

    —«Bastas eram senhor.
«As de Pacheco e... *(Morreu áfome ia elle a dizer)*

    —«Eu não ignoro
«Asperamente o rei o interrompia
«Os feitos de Pacheco.»

    Olhos pasmados
«Os cortezãos cravaram no soldado·
«Que tão crua verdade se afoitava
«A proferir ali:—algum já cuida

‹ ‹Que. d'escuro castello a torre o aguarda, ·
‹Ou que ao'menos... Compondo um tanto o rosto
‹Tornou el-rei :
— ‹Iremos para ouvir-vos
‹Da penha verde á fresquidão sentarnos.
‹Calmoso vae o tempo ; e a demais, prazem
‹Dobrado entre a verdura, os dons das musas.›

E o nosso Garrett lá conduz o alquebrado Camões apôs-D. Sebastião e a corte, aos sombrosos arvoredos da Penha, onde vae contar ao som dos brandos favorneos, o assumpto da grande epopea que prende n'essa occasião as attenções aos lettrados e homens doutos da nação, os serviços de subido valor de seus personagens, e os costumes dos selvagens' ignorados até então na Europa.

Ali dá conta Camões, da *dictosa condição* dos filhos do indostão que fugiam espavoridos, vendo a gente do Gama crusando as mattas virgens e attacando feras, a *dictosa gente* que povoa as longinquas plagas da Asia e Occeania, e de todos os espaços do polo riental ; tudo · que viu e ouviu n'esses vastos hemispherios que elle'e

seus animosos· companheiros demandaram sem
rumo certo · ·

«Por entre os furacões d'atra procella»

No fim levanta o rei a audiencia, todo cheio
de enthusiasmo, e quando Camões acaba, o espi-
rituoso Garrett mette aquasi estas palavras de
suprema vaidade na bocca do rei:

«Um dia offuscarei toda essa gloria
«E a mais altas canções darei assumpto»

e quando Camões se despede, manda Garrett ao
mancebo real, que lhe diga:

— «Voltae a ver-me.
E vos farei merce, como é devido.

E Camões lá desce a serra de Cintra á hora
em que tambem · descia o sól, a cujo calor reci-

tára o livro que escrevera, viajando sobre agoas nunca sulcadas até-li. Que scenas Garrett apresenta n'estas interessantes situações! E como são bellos os comentarios que se seguem a ellas! Que feliz concepção a do poema *Camões!*

Quem fôra mais dextro do que João Baptista d'Almeida Garrett, para desempenhar tão ardua commissão? Eu pobre auctor d'estas memorias, sem pretensões a poeta nem tão pouco á metrificador de prosa rasteira, já exclamei n'um' momento d'aborrecimento, espraiando a vista sóbre aquelle emporio de sublimidades:

> Quem ferira bordões tão consonantes
> Como o herdeiro do cantor do Gama?
> O divino Garrett, o deus da lyra,
> O sublime cantor de Dona Branca?
> . . . . . . . . . . . . . . . . . . . .
> O nome de Garrett já não morre;
> Porém, se um dia por desgraça nossa
> Deixar de nomear-se tal gigante;
> Deixará de fulgir no firmamento
> O luseiro vivaz que alaga a terra,
> Quando a lua repousa no seu leito
> Ladeada de fachos rutilantes!

·Se assim acontecer·mesquinhos. lusos...
Chorae então na escuridão'profundà,
As cinzas. do cantor que agora canto,
: Porque não vereis mais o rei dos astros.

Lembro-me que escrevi isto na capa do poema *Camões*, e ainda não me desdigo: porque a memoria de Garrett não será escurecida, sem que tenham baixado á penumbra do esquecimento os nomes d'Homero, Horacio, Ariosto e Dante, e apoz elles, Demosthenes, Lycurgo, e Eschines.

Os louros verdejantes que Garrett ceifou no campo das lettras, em todos os generos, não murcham, florescem, vivem, e dão fructo para alimentar as legiões. da posteridade!

«. . . . . . . . Gemi n'angustia,
«Penei ao desamparo, em soledade;
«Vaguei sosinho á mingua e sem conforto.

«. . . . . . . . . . . . . .
«Tudo. soffri no alento d'uma esperança.»

(GARRETT.—*Camões*)

## V

Do Havre passou o poeta a Pariz entre os an-
nos de 1824-25, já com os sete cantos comple-
ctos do poema *D. Branca*, (1) e o *Camões* muito
adiantado, mas não complecto ainda, porque as
saudades do lar paterno, atropellavam-lhe hor-
rivelmente a ideia, e não o deixavam concluil-o.

As correspondencias pouco animadoras que re-
cebia da patria, que lhe diziam o que ia n'ella
por esse tempo, os sons confusos que se escuta-

(1) Veja-se a nota no fim.

vam nas margens do Sena ácerca da critica situa-
ção da Europa, e principalmente d'Hespanha, on-
de os batalhões liberaes esmoreciam e esperavam
a cada passo, tremendo com susto, o annuncio
fatal da guerra prestes a atear-se, assoprada pela
reacção absolutista, que n'essa epoca desgraçada
pretendia carniceira, assolar a mais fertil e pode-
rosa parte da Europa, faziam-lhe estalar a penna
sobre o papel, e salpicavam-n'o de tinta, como di-
zendo-lhe a sorte que esperava seus irmãos, —
serem tambem borrifados com o proprio sangue
creado com o sol da passada liberdade. Esta no-
vá e bem triste decepção, obrigou-o a pôr de par-
te os grandes apontamentos que tinha juncto para
à historia do grande *Genio Lusitano*, e começou
a traçar a D. Branca, por ser, diz elle, trabalho
de menos responsabilidade, do que o primeiro.
Em Paris foi residir para uma pobre agoa-furtada
da rua de Coq-St.-Honoré em Novembro de 1824,
na companhia do honrado patriota José Victorino
Barreto Feio, seu irmão em crenças e opiniões,
e nos haveres escassos que lhes tinha legado a
desgraçada queda da constituição.

«E quasi que tenho hoje saudades, — diz o
poeta poucos annos depois d'esse desterro, —
tal nos tem andado a sorte das engelhadas

5··· a da critica situa-
b··· d'Hespanha, on-
··· ·diam e esperavam
··· susto, o annuncio
··· assignada pela
··· ·ta desgraçada
··· mais fertil e pode-
··· estalar a penna
··· de tinta, como di-
··· seus irmãos, —
··· o proprio sangue
··· Liberdade. Esta no-
··· a pôr de par-
··· junto para
··· e começou
··· elle, trabalho
··· o primeiro.
··· agua-furtada
··· Novembro de 1824,
··· José Victorino
··· graças e opiniões,
··· tinha legado a
··· de.
··· saudades, — diz o
··· desterro, —
··· das engelhadas

noites de Janeiro e Fevereiro que passavamos
n'uma agua-furtada, com os pés cosidos no fogo,
eu e o meu amigo velho; elle trabalhando no seu
*Sallustio*, e eu lidando no meu *Camões*, ambos
proscriptos, ambos pobres, mas resignados ao
presente, sem remorsos no passado, e com espe-
ranças largas no fucturo. — Graças a Deus,
de mim sei, e d'elle creio que estamos na mes-
ma quanto ao passado e presente, mas o futu-
ro!...»

Concluindo o livro immortal de *Camões*, dedi-
cou-o ao seu muito particular amigo Antonio
Joaquim Freire Marreco, (1) e para não compro-
metter a posição e dignidade do illustre portu-
guez, sellou no rosto do livro, apenas a inicial
—M.—Ajudado por esse amigo dedicado e sin-
cero, pode dal-o á luz da publicidade em Paris,
cuja composição se concluiu a 22 de Fevereiro
do mesmo anno de 1825. Correndo logo por
mãos de portuguezes e estrangeiros, recebeu o au-
ctor a'par d'um espantoso acolhimento, e pro-
tecção, algumas criticas de cores sortidas, mas
na maior parte injustas, fabricadas pelos seus
abominadores. Esta obra prima, conta hoje seis

(1) Veja-se nota no fim.

edições, a fóra as que se tem publicado no Brazil.

· N'este. periodo · d'odios e intrigas detestaveis, entrelaçavam-se graves e clandestinas negociações relativas a Portugal, entre Lisboa e Vienna d'Austria onde se achava D. Miguel, e Londres que estava cheia de emigrados portuguezes, luctando pela maior parte com a escassez de recursos, onde a dextra benefica da duqueza de 'Palmella, occultando-se da sinistra, lhes munificava os valiosos soccorros que podia dispensar. Foi aquella illustre e virtuosa senhora, a unica mãe que protegeu a tantos desgraçados que repintavam as terras d'Albion. Depois da publicação d'este livro, que apesar dos seus numerosos emuladores, foi recebido com enthusiasmo pelos amantes das boas lettras, e amigos do auctor, mandou imprimir a D. Branca, e resolveu por-lhe no frontispicio as duas iniciaes, anagrammaticas — F. E. — que usara Filintho Elysio — Francisco Manuel do Nascimento — e com a designação d'obra posthuma; o que fez acreditar a muitos e asseverar a outros, que a obra era filha de Filintho, porque este poeta morrera em Pariz em 1819, onde estava exulado. Ora o sr. José da Silva Mendes Leal, fallando de Garrett no seu *Elogio Historico* reçita

(1) Veja-se a nota ...
(2) Idem.

do: na sessão publica da *Academia Real das
Sciencias de Lisboa em 19 de Novembro de 1856*,
diz que «emigrando Garrett tractara em França
com o padre Francisco Manuel, mais *conhecido
pelo nome de Filintho Elysio.*» Não posso saber
agora de quem é o erro, se do illustre auctor do
*elogio*, se dos auctores das biographias do tra-
ductor do *Oberon*, que dizem ter morrido este
portuguez em 1819, como deixo dicto acima, e
A *D. Branca* acabou-se de imprimir em 1826
e conta hoje quatro edições. Apesar de ser filha
da mesma penna que traçou o *Camões*, parece-
me que não incendiou a cubiça dos habitantes das
terras de Santa Cruz, (1) que não cançam de fa-
zer edições das melhores obras dos nossos es-
criptores.

Consta que Garrett em quanto companheiro de
casa de José Victorino, era empregado n'uma
casa de commercio parisiense, (2) e ás noites,
quando se recolhia á miseravel habitação de pros-
cripto, escutava com avida curiosidade a bella

(1) Veja-se á nota no fim.
(2) Idem.

traducção da *Eneida* virgiliana, que o seu velho
amigo fazia por essa occasião, e débaixo de cujo
nome se publicou uma boa parte; mas não toda;
porque o dextro e profundo latinista, não che-
gou a concluil-a, não obstante as 'stimulações
amigaveis, que lhe fazia ultimamente o seu ami-
go, e a muitos respeitos o veneravel barão de
Villa-Nova de Foscôa, com o vivo desejo, de que
a litteratura portugueza podesse ufanar-se de ter
em sua linguagem os grandes partos da imagina-
ção fogosa do poeta mantuano. Mas infelizmente
não poderam vingar os rogos anciosos do nobre
Foscôa, porque uma doença renitente e perigo-
sa, prostou de cama o digno deputado Victorino,
congenere de Garrett, e o ultimo volume da obra
de Virgilio, saiu traduzido pelo já falecido poéta;
José Maria da Costa e Silva. Barreto Feio era
um d'estes homens sinceros e bondosos, que ra-
ramente se topam quando se precisa da sua pre-
sença, e que pagam sempre com generosa pon-
ctualidade, as demonstrações de verdadeira ami-
zade que recebem de seus irmãos; e juncto de
Almeida Garrett, á luz mortiça d'uma vela que
espirrava n'aquella habitação gellada pela intensi-
dade do frio, escutava tambem com pura e reli-
giosa attenção, alguns trechos dos seus mavio-

sos versos, e d'umas traducções de Catullo, que o novo poéta fizera em idade mais verde, nas horas, subtrahidas ás lides academicas, e ao descanço que lhe 'stipulava o seu primeiro mestre, bispo d'Angra do Heroismo. -

Barreto applaudia o que merecia elogio, e emmendava-lhe o que conscienciosamente conhecia errado.

Este nobre patriota era tambem o involucro d'um coração generoso, e d'uma alma sensivel, mas de crenças e opiniões inabalaveis. Conta-se até que estando por hospede em casa d'um titular da côrte, quando era deputado não sei por que circulo eleitoral, que arguira nas camaras o seu bemfeitor que lhe servira de pae nos tempos da adversidade; interrogado ácerca do seu proceder d'ingrato, respondeu que emquanto no palacio do que lhe dava o sustento, fallava pela bocca da gratidão, mas que na casa onde se deliberava o fucturo d'uma nação, fallava pelos labios da consciencia e da opinião que nutria desde o berço.

Era um dos homens francos e mais honrados do nosso seculo.

«Barreto Feio, diz o seu biographo, foi enthusiasta dos rasgos de virtude, de valor e amor da patria, dos homens celebres da Grecia e Roma;

penetrou no amago da historia d'essas nações,
e chegando a ser apaixonado das bellas lettras,
enriqueceu a litteratura patria, de bellas traduc-
ções, entre as quaes avultam as de Sallustio e
Virgilio, talvez as melhores que a Europa hoje
possue.»

E este nobre portuguez morreu tambem, infe-
liz como tantos homens, victimas dos sentimen-
tos nobres e da intelligencia que Deus lhe got-
tejou nos «seios d'alma», para serem apostolos
ousados dos grandes batalhões da ignorancia, e
commandal-os na estrada da perfeição e da virtude.

«. . . . . . . . . . . Voltei em fim á patria
«Outra vez de esperanças illudido.
«Alguns serviços por benignos chefes
«Exagerados sim, mas não mentidos,
«Nada obtiveram.

(GARRETT.—*Camões*).

## VI

Restituida a liberdade ao lacrymoso Portugal, que estava havia perto de tres annos, orphão de seus filhos mais leaes e lhes ouvia os suspiros que do desterro lhe mandavam sobre a corrente dos mares que os apartavam, no anno de 1826, começaram logo a mecher-se no exilo os mofinos desterrados, dispostos a deixar o asylo estrangeiro, para beijarem a face da terra que se levantava da enfermidade que soffria havia tanto tempo. Por esta occasião voltou o inspirado Garrett ao reino, sobraçado com os seus bellos poemas filhos de saudades e magoas, animados já com os beijos deliciosos da imprensa e mais trabalhos litterarios, de differentes especies, que lhe haviam sido inspirados, pelos ermos solitarios do exilio, e duras attribulações que experimentara no decurso do seu tormentoso vagueamento. Chegando pois á córte de Portugal apressou-se a fazer a sua apresentação na secretaria d'estado dos negocios do reino, onde trabalhara em 1822 antes da reacção absolutista que o arremessara ás terras da proscripção. Sendo-lhe reintegrado novamente o lugar que occupara n'aquella repartição juncto com outros seus amigos, durante o pequeno espaço do regimen constitucional de 1826–1827, encetou a publicação d'um jornal, que intitulou, o *Portuguez*, tendente a, defender o systema constitucional e os melhoramentos d'administração publica, cuja sociedade se compunha dos seguintes individuos, além d'elle: João Antonio dos Santos, Paulo Midosi, e Luiz Francisco Midosi seu irmão, Carlos Morato Romã, Antonio Maria Couceiro, Joaquim Larcher, e José Liberato Freire de Carvalho, a quem Garrett entregou o leme de redactor principal. Por este tempo foi

que o poeta escreveu e publicou tambem a sua
*Carta de guia para Eleitores*, e no mesmo periodo,
saiu em Pariz, no primeiro volume do *Parnaso
Luṣitano*, uma producção que ali deixára sob a
epigraphe de *Ensaio sobre a historia da lingua e
poesia portugueza*. . · · ι . ,

Combatidas pouco depois as ideias do *Portu-
guez*, esse bem colaborado orgam da liberdade,
por José Agostinho de Macedo, o critico mais
mordaz que por nosso mal possuiu a litteratura
patria, esse corrupto ministro da egreja, e pre-
sidente da republica da calumnia, que a par d'um
talento singular e uma vastissima erudição, pos-
suia um alto grau d'hypocrisia: uma alma de-
senfreadamente propensa a praticar todos os actos
que os homens virtuosos condemnavam : com-
batidas as crenças religiosas e profanas dos co-
laboradores do jornal, pelo espião politico do tem-
po da invasão franceza em Portugal, foram pre-
sos alguns redactores, e encerrados nas prisões
do Limoeiro em Agosto de 1827, e pronunciados
pelo crime de fomentadores dos movimentos tu-
multuosos da capital nos dias 24, 25 e 26 de Ju-
lho de 1827. Garrett entrou resignado para aquel-
la sepultura de vivos sem maldizer o infame sal-
timbanco do christianismo, que ali o levara injus ta-

mente, e só com o intento de fazer mal, e come-
çou a compor e planear os seus romancinhos me-
tricos, sem se assustar das cruas arguições que
os seus emulos lhe faziam em tanto, queimados-
pela inveja de não poderem erguer-se á grande-
za a que o tinham levado as suas obras.

Ali na prisão foi que elle concluiu o seu lindo
romance antigo a *Adosinda* que começara ainda
em perfeita liberdade nos principios de 1827 em
Campo d'Ourique, onde morava por esse tempo.
Saindo da cadeia da cidade os redactores do
jornal depois do julgamento, foi José Liberato di-
mittido do emprego que exercia na secretaria do
reino, e acabando por este acontecimento a pu-
blicação do *Portuguez*, fundou Garrett outro, inti-
tulado *O Chronista* semanario que tratava de com-
mercio, litteratura e politica, que foi tambem
colaborado por parte dos homens que escreviam
no extincto *Portuguez*. Do *Chronista* não vi ain-
da nenhum numero mas consta-me que tem arti-
gos de muito merecimento litterario. E o empe-
nho de Garrett continuava a ser sobre litteratura
e politica, mas a sua politica não tendia a des-
graçar a nação, mas sim salval-a das garras dos
oppressores barbaros, que se ensaiavam para a
empolgar novamente, e pisar com os pés impios

os seus contêndôres; e a sua eloquente littera-
tura nunca redicularisára os actos virtuosos nem
ménospresara os 'sanctos dogmas da religião, co-
mo fazia a auctor do *Gama* ou do *Oriente*, re-
buçando-se sempre com a mascara da philoso-
phia.

Pelos fins de 1827, foram perseguidos encar-
niçadamente os nobres liberaes, que já se ha-
viam distinguido em 1820, pelos vastos partida-
rios de Miguel cujo governo se tornava a as-
sentar em Portugal, e vendo-se os cartistas ex-
trémamente apertados tiveram de fugir para a
provincia de Galliza para onde foi todo o Corpo
Academico, mas não achando essa multidão de
foragidos, caridade nem amor entre essa selva-
jaria bruta d'além-Minho, passaram alguns dias
pessimamente em consequencia de lhe começa-
rem a escacear os soccorros que percisavam
para resistir ás ameaças dos partidarios do usur-
pador que éram em maior copia. Vendo-se en-
tre estranhos sem coração que os aborreciam e
tractavam com desdem, mandaram os infelizes
portuguezes pedir a um respeitavel titular que
se achava em commissão de Portugal em Lon-
dres; que os mandasse soccorrer n'aquella triste
posição, onde a fome já os ia ferindo ainda que

levemente. Sabendo o nobre duque de Palmella, que era então embaixador em Londres, que os dignos e exforçados liberaes vagueavam opprimidos e descontentes em terras gallegas como em Tuy, Ferrol e Corunha, mandou Paulo Midosi a esta ultima cidade em 11 de Agosto de 1828 para tractar de os transportar a Inglaterra, n'uma embarcação que mandou apromptar, e sair em demanda das costas de Galiza.

Chegando Paulo Midosi á Galiza, como enviado do Palmella, fez ajunctar immediatamente os infelizes que ali se espalhavam, e executou o seu encargo, com a ligeireza e prudencia que se requerem em casos de tanta responsabilidade, e urgencia.

Pouco tempo depois que esta legião de foragidos, se affastou dos mares gallegos, desembarcou em Plymouth, onde se formou um deposito para os emigrados, sendo Midosi nomeado secretario geral d'elle em 28 de Setembro do mesmo anno.

N'esta embarcação cheia de portuguezes, foram tambem, emigrados para Plymouth D. Vicente, Paim-terceiro conde d'Alva, e o grande orador — mais tarde — José Estevão de Magalhães que pertencia ao batalhão Academico de Coimbra.

Garrett emigrou tambem [...] pois de ser novamente [...] embarcando para Inglaterra, [...] se na Galliza, mas [...] Tejo.

O certo é, que [...] go representar em [...] drama que já lhe [...] thias dos lisbonenses, e [...] campo das lettras portuguezas.

Foi desempenhado [...] ceberam, tanto de [...] os applausos que [...] e o pemor da peça [...] da semana, de var[...] ca, appareceram [...] da peça e do desempenho [...] ta de actores [...] n'alguns degraos [...] guidade. Que tal[...] suia o nobre [...] timavam! Todos se [...] suas producções, ou [...] proposito e [...] um homem assim que [...] ciaram com todo o [...]

Garrett emigrou tambem por :esta occasião de-
pois de ser novamente demittido do emprego,
embarcando para Inglaterra, não sei se no Tejo,
se na Galliza, mas é mais provavel que fosse no
Tejo.

O certo é; que chegando ao desterro fez logo
go representar em Plymouth o *Catão*. aquelle
drama que já lhe grangeara immensas sympa-
thias dos lisbonenses, e um distincto lugar no
campo das lettras portuguezas.

Foi desempenhado pelos seus amigos, que re-
ceberam, tanto de portuguezes como d'inglezes,
os applausos que merecera o feliz desempenho,
e o primor da peça. Consta que nas chronicas
da semana, de varios orgãos da imprensa brittanni-
ca, appareceram differentes artigos; dando conta
da peça e do desempenho, que passavam a car-
ta de actores aos curiosos, e punham Garrett
n'alguns degraos acima dos bons tragicos da anti-
guidade. Que talento, e que rara felicidade pos-
suia o nobre desterrado !! Em toda a parte o es-
timavam! Todos se enthusiasmavam ouvindo as
suas producções, ou vendo-o fallar com aquelle
proposito e elegancia que lhe eram familiares ! E
um homem assim que todos acatavam e rêveren-
ciavam com todo o respeito, precisava de andar

vagueando de terra em terra, pedindo pousada a
estranhos, tendo uma patria tão bella para alon-
gar a vista fogosa sobre suas flores, seus rios,
seus prados, seus montes, e colher sobre essas
differentes grandezas, a poesia d'alma. Percisava
d'errar pobre e triste, roido de saudades, á emi-
tação dos antigos romeiros de Sanctiago? Não;
mas percisava de liberdade para correr a sua pa-
tria e gritar contra os abusos, sem que lhe disses-
sem de subito a phrase despotica de *Cale essa
bocca!!!* Não; mas necessitava ar, e ar muito pu-
ro que não lhe abafasse as palavras, e o deixas-
sem expandir a robusta imaginação que lhe quei-
mava o cerebro, e os homens que rodeavam o
usurpador pretendiam roxear-lhe os pulsos, con-
frangir-lhe a vóz e tortural-o sobre o equuleo
do despotismo. Por isso é que elle já se tinha
abrigado tantas vezes d'essas tempestades entre
corações estrangeiros, e nunca curvara a fronte
a esse rebanho de oppressores. Honra ás cinzas
do grande patriota que sempre conservou seu no-
bre peito conchegado ao lábaro, que abraçara
ao desprender-se das cadeias que o ligavam á
casa paterna!

Disolvido que foi o deposito d'emigrados em
Plymouth, logo se dispersou essa immensidão

de infelizes por varias povoações brittanicás, começando em seguida a formar partidinhos de diversas cores politicas que fiseram descer sobre elles com mais intensidade, as azas do infortunio que lhes tinham varejado a fronte antes e depois de se despedirem do reino para se refugia-rem alem-Minho.

Mas Almeida Garrett deu de mão com toda à força do seu despreso a esses loucos intentos, que deviam tecer indeclinavelmente, as mais vorazes desavenças entre a maior parte dos expatriados que tinham n'aquelles climas, só à protecção do duque de Palmella, e sua bemfeitora esposa.

Para evitar que algum José Agostinho de nova especie o envolvesse n'essas tentativas absurdas e o desconceituasse perante os seus amigos e protectores, deu-se pressa em embarcar para Brest; e deixou poucos dias depois a capital de Inglaterra.

Em Brest porem, conservou-se pouco tempo o illustre poeta, porque recebeu ali um officio do duque para comparecer em Londres dentro d'um praso marcado.

Garrett cedendo á urgencia da participação partiu no mesmo instante de Brest para Lon-

dres, onde foi recebido pelo illustre embaixador
com verdadeiras demonstrações de regosijo e
cordial affecto. Recolhendo-se os dois ao gabine-
te secreto da legação portugueza, Palmella reve-
lou-lhe os desejos que alimentava de o ter traba-
lhando juncto de si, com o grau de secretario da
embaixada onde se achava tambem empregado
Paulo Midosi. Garrett acceitou com satisfação o
cargo de secretario ao pé de Midosi, não só por
ser condescendente com a vontade do seu prote-
ctor, mas tambem para dar algum descanço á
imaginação que tinha sempre afundada nos seus
trabalhos litterarios, e que lhe eram prejudiciaes
á saude. O nobre embaixador agradeceu-lhe a
boa vontade com que se promptificava a faser par-
te da embaixada, e d'envolta com um cordial
abraço disse-lhe algumas palavras consoladoras,
e de lisongeira esperança no fucturo.

No estreito exercicio d'aquellas funcções, go-
sou então mais saude; porque só nas horas va-
gas se entregava ás lettras e sciencias. Em No-
vembro ou Dezembro d'esse anno appareceu pu-
blicado em Londres, o pequeno livro da *Adosin-
da,* esse romance popular estreictamente cingido ás
mais elegantes regras classicas, e na mesma epoca
collecionou, refundiu e aperfeiçoou, varias lendas

do povo que delineara com aturadas investiga-
ções. Passado pouco tempo foi traduzida uma
parte da *Adosinda* — julgo que a melhor — para a
lingoagem de 'Milton, pelo muito estimado poe-
ta em Inglaterra João Adamson que era amigo de
Garrett. Os inglezes que desconheciam os mere-
cimentos do auctor do *Camões*, receberam com
grande admiração aquelle pequeno fragmento da
*Adosinda*, e alguns estudaram então a lingua por-
tugueza para lhe admirarem as obras, tão nomea-
das, como as dos grandes poetas da sua terra.

Apparece este soneto nas suas obras poeticas, es-
cripto em Londres na mesma epoca, que pelo
sentimento que exprime, é digno de ser mencio-
nado n'este lugar. Esta composição parece ter si-
do feita por occasião de chegar a Inglaterra al-
gum emigrado seu amigo, a quem busca dimi-
nuir as magoas de se ver longe da patria:

**Saudade**

«Seculos são, na vida que enfastia,
«Estes dias de exilio amargurados;
«Um por um, magoa a magoa, vão contados
«Em lenta cruelissima agonia.

«Oh! roubemos-lhe ao menos|este dia.
«Ao padecer que todos traz roubados.;
«Sejam pela amisade consagrados
«Ao casto amor, instantes d'alegria.


«Tem prazeres tambem a desventura:
«A propria carrancuda adversidade
«Sorri c'oa esperança que lhe luz fuctura.


«Vem; amigo, no seio da amisade
«Festeja a esposá, sonha c'oa ventura,
«Que um dia hade mattar tanta saudade.

«. . . . . . . . . . . . . Errante ··
«Pela terra estrangeira, perigrino,
«Nas solidões do exilio, fui sentar-me
«Na barbácan ruinosa dos castellos.

(GARRETT.—*Camões*)

## VII

Ouvindo Garrett fallar com muito apreço d'algumas grandezas d'Irlanda, berço dos seus infelizes antepassados, e d'Escocia, pediu uma larga licença ao bondoso embaixador, para ir visitar e admirar de perto essas maravilhas, cuja discripção o impressionava fortemente. Feita promptamente essa concessão pelo duque de Palmella, foi Garrett passeiar em roda d'esses monumentos notaveis, castellos derruidos, povoações denegridas pelo fumo das fabricas de ferragens, e os sitios mais celebrados por antigos e modernos poetas e prosadores brittanicos.' Entre outras notabilidades que visitou o illustre poeta, figuram o castello de Dudley seus fosseis e barbacans, as profundas excavações que se faziam ahi por esse tempo, em demanda dos materiaes que são o commercio e a riqueza d'aquellas paragens aridas, desertas e queimadas pela atmosphera candente formada por esses varios elementos exalados da terra, cujas naturezas differentes se embatem como os ventos Noto, Austro, Boreas, e Aquilão que se topam no sibilar tempestuoso entre a terra e as nuvens. A estas ruinas notaveis d'um antigo castello feudal dos antigos bretões, que o poeta já visitara de passagem no anno de 1823 quando estivera em Birmingham, foi que elle alludiu n'estes versos immortaes do principio do canto setimo do *Camões*.

«Eu vi sobre as cumiadas das montanhas
«D'Albion soberba as torres elevadas,
«Inda feudaes memorias recordando
«Dos bretões semi-barbaros. Errante

«Pela terra estrangeira, perigrino, . . .
«Nas solidões do exilio, fui sentar-me
«Na barbacan ruinosa dos castellos,
«A conversar c'as pedras solitarias
«E a perguntar ás obras da mão do homem
«Pelo homem que as ergueu. A alma enlevada,
«Nos romanticos sonhos, procurava
«Aureas ficções realisar, dos bardos.

« . . . . . . . . . . . . . . . . . . . . . . . .

«Não vi quadrigas de vistosas justas
«Nas praças d'armas á lançada viva.

« . . . . . . . . . . . . . . . . . . . . .

«Nadal só pelos fossos entupidos
«Do desfolhar do outòmno, e bronco entulho
«Dos muros derrocados,—soltas pedras
«E immunda terra, á vista affiguravam
«Insepultos cadaveres golpeados,
«Membros, inda cobertos d'aço e ferro,
«Dos que em contenda injusta pereceram,
«Pelo vaidoso orgulho, ou vão capricho .
«Do castellão soberbo. Nas ameias
«Se me antolhavam horridas cabeças
«Hirta á grenha co'as carnes laceradas

« . . . . . . . . . . . . . . . . . . . . .

«Como se á idade que destruiu palacios,
«Memorias de prazeres luxos pompas,

«Catasse mais respeito a taes vestigios
«D'atrocidade e crimes,—e escrevesse
«Ao passar com a fouce enferrujada
«No limiar d'essas portas: *Escarmento*
*«Ás gerações por vir.*—Doia-me alma
«Na solidão das ruinas, e a lembranças
«Mais gratas me fugia o pensamento,
«Para os vergeis da patria esvoaçando.»

Que saudade tão aguda e lacerante exprime o desconsolado mancebo n'este jacto arrebatado de sublime inspiração! Que sentimento, e que enraisado soffrimento alimentava em seu peito pelos outeiros e prados alegres da perdida patria!

«Para os vergeis da patria esvoaçando!»

Que palavras humanas poderão calar mais fundo no coração dos homens que sentem e pensam do que estas ultimas! Ainda me affoito a exclamar outra vez:

Quèm ferira bordões tão consonantes
Como o herdeiro do cantor do Gama?

O poeta, depois de [...] gosos e cobertos d'era, [...] que ladeiam a estrada [...] os camparios de Du[...] mar a sua admiração sobre [...] das maravilhas inglezas que [...] siasticamente celebradas pelos [...] den a mesma terra, Pope e [...] tantes das suas mais altas [...] sou logo aos montes Cherwell e [...] e ás infinitas montanhas de Gelles, sentou sosinho, sobre as [...] -pestres, envolto nos [...] que ainda tornaram mais solitaria [...] sas penedias e pendores cresidos [...] phera abrasadora. Passado depois a Dut [...] port pode apreciar então [...] grandes monumentos que ja vira [...] gumas paginas sublimes da [...] d'essa epopea famosa que se intitula [...] o fallecido Ramalho de Soeça [...] samente para a lingua portugueza, em mam os melhores consonantes do rario do nosso tempo.

Garrett pode então [...] mente o grande homem, e a apparecer [...]

O poeta, depois de visitar esses torreões musgosos e cobertos. d'era, as choupanas dispersas que ladeiam a estrada d'Irlanda, viu a egreja e os camparios de Dudley, e foi depois derramar a sua admiração sobre Hagley-Park, uma das maravilhas inglezas que foram mais enthusiasticamente celebradas pelos grandes poetas que deu a mesma terra, Pope e Thomson nos instantes das suas mais altas inspirações! D'ali passou logo aos montes Cheviots e aos Grampians, e ás infinitas montanhas de Galles, onde se assentou sósinho, sobre as rocas denegridas e alpestres, envolto nos expessos rolos de nevoeiro, que ainda tornavam mais solitarias e lugubres essas penedias e pendores crestados pela atmosphera abrasadora. Passando depois a Dublin e Newport pode apreciar então suspenso e extactico os grandes monumentos que já vira descriptos n'algumas paginas sublimes do engenhoso auctor d'essa epopea famosa que se intitula *Ivanhoé*, que o fallecido Ramalho de Sousa verteu consciensiosamente para a lingua portugueza, segundo affirmam os melhores commandantes do corpo litterario do nosso tempo.

Garrett pode, então conhecer mais profundamente o grande homem, e o agigantado poeta que

a^terra d'Escocia tinha lançado ao mundo e a seu
seio o havia recolhido de novo, depois de o ver
cançado em diliciar o universo com suas balladas
e hymnos immortaes, e com aquellas prosas de
rara fecundidade.

N'estas dilatadas viagens, Garrett empunhava sempre a sua pasta d'escriptor, e escrevia com traços
ligeiros as impressões que ia sentindo. Essás
impressões que trouxe para o reino, morreram
—creio eu—nas gavetas da redacção d'um jornal ephemero que se publicou em Lisboa e onde
elle as entregou para serem publicadas em pequenos fragmentos. Voltando á capital da Grã-
Bretanha em 1829 entrou de novo no exercicio
das suas funcções; addido á legação portugueza,
e pouco depois mandou imprimir ahi uma linda
collecção de romances do povo, e poemetos romanescos que intitulou humildemente *Lyrica de
João Minimo.* Apenas conhecido o pequeno livro
foi procurado com o mais vehemente transporte até pelos que não conheciam a linguagem
dos Lusitános. D'este volume de lindas poesias,
escolheu as melhores peças, a distincta poetisa franceza Mll.^e Pauline Flaugergues, e traduzindo-as
para o seu idioma mandou-as junctar ás suas maviosas produecções metricas, que publicou em Pa-

ris em 1841, n'um elegante livro que
*Au bord du Taje.*

Neste pequeno volume [...]
ticas, vem uma linda oda, [...]
rett, que corre traduzida em [...]
Sr. José Maria do Amaral, e publica
meiras paginas das ultimas elegias
souro de sublimidades e grandezas
*Camões.* Neste mesmo anno appareceu
dres, o primeiro e unico volume que
a publicar, do *Tractado de Educação*
comprehende dose cartas que a sua
uma senhora illustre encarregada de
ultima nobre princeza.

Presumo que estas cartas [...]
da senhora D. Maria II, que [...]
n'essa epoca tão cheia de [...]
em todas as paginas que [...]
ce o nome que lem [...]
sempre elegante e [...]
dos bellos pensamentos, [...]
ctor desenvolve [...]
peia erudição vasta e [...]
losophicas, e ensina [...]
para fazer [...]
tes, já na Inglaterra [...]

ris em 1841; n'um elegante livro que se intitula:
*Au bord du Taje.*

N'este pequeno volume de preciosidades poeticas, vem uma linda ode, homenagem a Garrett, que corre traduzida em portuguez, pelo Sr. José Maria do Amaral, e publicada nas primeiras paginas das ultimas edições d'esse thesouro de sublimidades e grandezas que se chama *Camões.* N'este mesmo anno appareceu em Londres, o primeiro e unico volume que se chegou a publicar, do *Tractado de Educação.* Esta obra comprehende dose cartas que o auctor envia a uma senhora illustre, encarregada da instituição d'udma nobre princeza.

Presumo que estas cartas foram escriptas á aia da senhora D. Maria II, que estava em Londres, n'essa epoca tão cheia de calamidades. Este livro em todas as paginas que são numerosas merece o nome que tem no frontespicio, já no'styllo sempre elegante e correcto, já na fecundidade dos bellos pensamentos, já pela ideia que o auctor desenvolve sempre com successo feliz, já pela erudição vasta e felizes comparações philosophicas, e exemplos historicos que apresenta para fazer sobresair melhor os seus preconceitos, já na linguagem sempre sã que adoptou nas primeiras producções e jamais deixara de sustentar; ja nos periodos dissimuladamente engraçados que ninguem soube apresentar melhor do que elle: assim como nos breves mas explicitos conselhos que dá ás turbas de que se constitue tribuno para as guiar ao porto da regeneração social.

, Ouvi dizer ou li algures, — não me posso agora recordar onde — que este bello estudo constava de tres volumes, mas que se perderam dois no lamentavel naufragio que succedeu nas agoas da Foz do Douro, durante o cerco do Porto; e não ha noticia de que Garrett tornasse a por em pratica esse monumento; primeiro no seu genero em Portugal. É pena que obras d'estas não cheguem ao poncto que imaginam os homens ousados e talentuosos como era Almeida Garrett, mas esse só volume, fornece-nos forças para dizer-mos que já possuimos um *tractado d'educação*.

A grande victoria que os constitucionaes ganharam na ilha Terceira — Praia — em 11 d'Agosto de 1829, cantou-a Garrett em Londres, n'uma composição poetica recamada de tão verdadeiro amor patrio, que alem do *Camões* e *Catão*, parece-me que nenhuma poesia lhe saiu tão do intimo d'alma. É um dos mais arrebatados pensamentos que tem a sua numerosa litteratura! Ainda faz vibrar com mais vehemencia as cordas do coração, do que a ode que citei no principio da biographia, que elle recitou na Athenas portugueza. Esta composição intitula-se: *A Lealdade, ou a victoria da Terceira*, e Garrett dedicando-a ao conde de Villa-Flor, depois duque da Terceira, e aos bravos soldados da constituição, mandou-a publicar n'um dos primeiros numeros do *Chaveco Liberal*; jornal que se publicava em Londres nos fins do mesmo anno, pelos illustres emigrados portuguezes. Depois o poeta mandou-a imprimir em separado n'um pequeno folheto, em consequencia de receber muitos pedidos de Portugal e França. Esta deliciosa canção tem vinte capitulos, em varios metros, e acaba com coros de soldados exaltando D. Maria II ao throno que estava occupado por D. Miguel.

Nos principios de 1830, tempo em que o poeta esteve por ventura mais despreoccupado e tranquillo no desterro, começou e concluiu um trabalho que lhe deu uma grande honra, e o fez subir mais alguns degraus, do throno, em que conterraneos e affastados o haviam erguido, para ser admirado pelos pygmeus da posteridade! Contando approximadamente trinta e umtannos d'idade, tendo provado já as mais amargas vicissitudes e desenganos, e sentindo-se muito mais abastecido de estudos, era de esperar que voltasse os olhos para o seu passado litterario; onde pairavam algumas nuvens crianceiras que percisavam de ser dispersas; e assim o executou n'esse anno. N'uma d'essas horas divinas em que sentia subir a imaginação rodeada de luz ás altas regiões de Phebo, lançou mão do seu querido *Catão*, e fez-lhe uma authopsia formal. Leu, releu, cortou-lhe os versos, que tinham a cor da infancia, animou o que se abysmava no rastejamento, fez descer o que se alteava demasiadamente, alterou, modificou, dividiu-o todo em pequenos molhinhos borrifou-os com o balsamo da sua intelligencia, e depois de reverdecidos, enfeixou-os todos com tanta segurança que nenhuma tempestade poderá destruil-os. Depois de tão correctamente emmendado com aquelle cuidado que empregava sempre, enviou-o á imprensa londrina, onde saiu a segunda edição precedida d'um longo prefacio cujo principio é concebido nos seguintes termos:

«A extrema indulgencia com que este drama foi recebido do publico, impunha ha muito ao auctor a obrigação de o emmendar, e tornar mais digno de. tão lisongeiro favor, do que elle saira na primeira edição. São todavia passados mais de quatro annos, desde que ella se extinguiu, e só agora, na preguiçosa convalescença, de longa enfermidade, appareceu breve remanço, de mais serio trabalho que se lhe podesse dar. Sobre feiissima d'erros d'imprensa, saiu aquella edição, com todas as folhas do primeiro molde, incorrecta no styllo, falta de natural e verdade na phrase. Alem d'estes senões de colorido accresceram alguns e muitos no desenho, impropriedade na fabula ou enredo no drama, ou correcções nos caracteres e semelhantes. Todos estes defeitos nasceram dos vinte e tantos dias em que a tragedia foi composta ensaiada e representada, e dos vinte e um annos que então doudejavam no sangue de quem a escrevia. A todos esses e ao mais capital d'elles, — á tibieza e requenez do quinto acto, se poz peito em evictar n'esta edição. . . . . . . . . . . .

. . . . . . . . . . . . . . . . . . . . . . . . . . . . . . . . . . . . . . .
. . . . . . . . . . . . . . . . . . . . . . . . . . . . . . . . . .

«O desanimador estudo do coração humano, o fatal conhecimento das humanas paixões, e de sua influencia e acção nas revoluções politicas, o habilitaram para entender agora melhor o seu Tito-Livio, e o seu Plutarcho. Assim commentado,

pela experiencia de dez annos de revoluções, es-
¹es dois grandes phanaes da historia antiga, guia-
ɹam o auctor da tragedia, ·nas formas que n'ella
fez, no desenho dos seus caracteres, e no colori-
do de muitas scenas que na primeira edição visi-
velmente mostravam a mão inexperta do pintor
que as traçava sem ter'd'onde as copiar do vi-
vo.»

ᵘᵉOra escrevendo aqui as proprias expressões do
grande poeta, julgo ter cumprido soffrivelmente
a 'minha missão, com relação á melhor tragedia
que possuem os portuguezes. Tenho ouvido di-
zer que a *Castro* d'Antonio Ferreira, e mesmo a
de João Baptista Gomes, são melhores do que o
*Catão;* porem eu sustento e sustentarei em quan-
to' tiver olhos para ver, e ouvidos para escutar,
que o *Catão* é o melhor drama em verso que
existe na nossa lingua.

· Pelo meiado de 1830,¹ quando essa apertada
crise de Julho pôz em alvoroço uma vasta legião
de portuguezes; e fez ranger os prelos de mais d'u-
ma nação, acabava João Baptista d'escrever,'e en-
tregava aos prelos, um dos seus mais admiraveis
festões litterarios.ᴬEra o livro de *Portugal na ba-
lança da 'Europa,*'inspirado' pelos movimentos
revolucionarios; que se crusavam entre as tres

nações que se estendem entre o Minho e! o
Sena.

Garrett encarou silencioso e resoluto esses ho-
risontes inflammados das tres nações, e com es-
pecialidade as absurdas colligações da França e
subindo aos pincaros do seu alevantado Sinay;
derramou os olhos fulminantes sobre esses cam-
pos tempestuosos, como os volveria o triste or-
phão vendo-se desherdado, repellido e expulso
dos seus dominios, por tutores desalmados, e de-
pois de conhecer a area onde se urdiam tantas
traições e ambicões; desceu ao gabinete de es-
criptor, e começou a meditar. Pousando então
no silencio mais perpetuo, o braço vigoroso so-
bre alguns quartos de papel, empunhou uma pa-
lheta d'aço fino e deu principio a um grandioso
espelho, onde presentes e vindouros tivessem a
historia dos trabalhos mysteriosos, com que os
*grandes homens* do seculo; pretendiam calcar a
bandeira da sancta liberdade e hastear em seu lo-
gar brilhante, a do faliaz despotismo, cravejada
de grilhões para apertar os pulsos aos desgraça-
dos povos da Europa. N'este livro phenomeno
apparece tão vivo e grandioso o coração d'um
grande estadista como no *Camões*, o d'um poeta
de coração e alma. Era uma imaginação infatiga-

vel e creadora, aquella ·do gigante cantor de *Ca-
mões*. Quando saia um novo livro d'aquelle ce-
rebo fogoso e ardente, não era mais um volume
que ia encher as bibliothecas, mas sim um novo
homem que surgia no mundo rodeado de luz,
para arrancar um povo afflicto dos carceres da
ignorancia e encarreiral-o ao campo do engran-
decimento e da suprema ventura.

Este rouxinol,... sim rouxinol, por que o rou-
xinol canta, ! — não trinava só entre a copa da
laranjeira ou no silvedo, onde dera os primeiros
signaes de vida; alava-se á vista do loureiro al-
tivo, e ia espalhar as suas melodias sobre o chou-
po gigante que devassa os ares.

E em tódos os campos sabia manejar com des-
treza aquella penna explendida e brilhante que
empunhou durante tantos annos.

Honra ao seu nome que está já gravado na
columna da celebridade, como o d'aquelles que
augmenta em grandeza, á maneira que correm os
seculos.

«A minha vóz, o meu sincero empenho ,
«Todo o meu coração é pela patria,
«É pela liberdade...»

(GARRETT.—*Catão*)

# VIII

Em 1831 ainda Almeida Garrett se conserva-
va em Inglaterra, onde vivia irosuluto esperando
que rebentasse entre seus companheiros do exi-
lio, o grito d'alarma, e apparecesse no mar um
vaso de confiança, que os transportasse ao seio
de seus leaes amigos que pelejavam na patria e
na ilha Terceira contra as tropas de terra e na-
vaes, do usurpador. Quando souberam no es-
trangeiro que chegára á Europa o duque de Bra-

gança e se achava á frente dos defensores da
Terceira, Garrett assentou praça n'um batalhão
de caçadores formado em Belleisle, e embarcou
em seguida, desembarcando nas agoas dos Aço-
res, em Março de 1832, ao cabo d'uma viagem
tormentosa e longa.

Quando a corveta começou a frizar ligeira os
mares açorianos, ouviram os de terra nma celeu-
ma confusa que saia da embarcação que se apro-
ximava. Os emigrados, subiram em grande copia.
á ámurada do navio, e mal poderam distinguir
os pincaros agrestes de Monte-Brasil, fizeram ec-
coar pela extensão das gandras estas saudosas e
enthusiasticas palavras — *Patria! Patria!! Viva
Maria! Viva a Liberdade!!*

Saltando logo nas praias da Terceira essa ex-
pedição do exercito libertador, foi Garrett visitar
alguns velhos amigos que ali possuia do tempo
da infancia e de quem recebera boas provas de
amisade quando ia visitar aquella terra onde se
relaccionara estreitamente com as musas que tão
perfeitamente cultivava. Passados poucos dias sem
haverem operações de parte a parte, foi chama-
do para trabalhar no gabinete do então ministro
da fazenda de D. Pedro, e encarregado interina-
mente de pasta da justiça na ilha Terceira, José

Xavier Mousinho da Silveira, onde esteve funccio-
nando emquanto; o·Regente permaneceu nos Aço-
res.·Tres mezes depois, d'estar·no gabinete de
Mousinho, ·foi.nomeado para ordenar e dar exe-
cução a varias. leis organicas, o que elle. exe-
cutou com grande prudencia e merito não., co-
nhecido. nos seus predecessores na legislação.
Por este tempo era já disolvido o batalhão em que
se alistara em Belleisle, e Garrett pediu então pa-
ra servir voluntariamente no batalhão Academico,
e sendo·lhe satisfeito promptamente esse pedido,
embarcou para o·reino com esse montão de li-
beraes, deixando summamente penalisados os di-
gnos habitantes da Praia, com quem convivera
alguns mezes nas mais estreitas relações d'ami-
zade. Sobre este golpe fatal, soffreu o poeta outro
tro ainda mais pesado; que o fôra ferir profunda-
mente no coração oppresso. Foi o transe dolo-.
roso porque passou ao affastar-se dos seus nobres
amigos,, e das sympathias que grangeara entre
elles,—uma dura injustiça, um acto quasi despo-
tico, que lhe fizeram os seus superiores, quasi na
hora extrema de partir para o continente. Tendo o
poeta tratado na vespera, do ajunctamento das
suas coisas, para as levar para o Mindello, o com-
mandante do corpo, ou quem mais governava, ou.

queria governar, obrigou-o a deixar a ilha imme-
diatamente, sem a companhia dos seus thesou-
ros litterarios que tanto lhe haviam custado velan-
do noites inteiras para os por em ordem de ver
o mundo da publicidade, e talvez o unico sacra-
rio onde ia deliciar o espirito nas horas em que
o aborrecimento e os vacillantes negocios da pa-
tria lhe amarguravam a vida de peregrino. O poe-
ta obedeceu submisso ás ordens formaes de quem
o constrangia a tal ponto, e disse adeus aos Aço-
res resignado e sereno, empunhando a pesada
arma de voluntario, e carregando com a mochila
de soldado raso. Foi por este motivo que sen-
do-lhe mais tarde enviado para o Porto o volu-
moso fardel de litteraturas diversas, se perdeu no
fundo do rio Douro, quando a embarcação que
o conduzia juncto com as malas dos seus com-
panheiros entrara a barra medonha que conduz á
cidade invicta! Assim desberdado, o viram pouco
depois saltar nas areias do Mindello, com um
sorriso de verdadeira alegria estampado nos la-
bios; e a espingarda constitucional descançada so-
bre o braço de poeta, e sentar-se logo ao pé de
seus collegas, e pousar sobre os joelhos a mar-
mita esfomeada onde se distribuia o alimento des-
lavado aos pugnadores da liberdade. Ali masti-

gando as batatas cosidas com o salgado bacalhau
da constituição, o viram todos resignado, en-
carar contente, tas agoas socegadas, que se des-
tendiam ao longe em calmaria, e sorrir para os
que o rodeavam, dizendo que breve teriam o pra-
zer de ver a patria em igual quietude, rendido o
detestavel despota a quem proximo faltariam os
meios de resistencia. No fim d'esta ligeira e pou-
co frugral refeição, pegou n'um pequeno livro,
que um seu camarada lhe apresentou aberto, e der-
ramando um olhar fugitivo sobre algumas pagi-
nas exclamou transportado d'alegria e consola-
ção, como se ali estivesse o balsamo refrigeran-
te para lhe sanar as chagas abertas no coração:
«—Meu pobre filho... foste gerado no seio das
afanosas angustias d'um desterrado, e com elle
te has alimentado durante o peregrinar doloroso
d'um viver d'amargura s, mas alfim teremos o
premio... o premio que aguarda na patria o infe-
liz proscripto, que traz os pés cravejados das
areias das gandras torradas, e o coração rasgado
pelos abrolhos das invias florestas de traido-
res.

Descança meu filho, que depoz a lucta que pres-
tes acabará; gosaremos o delicioso repouso em
nossos lares, e tu serás querido e acatado pelos

homens .de coração que são (1) indulgentes e pre-
sam os exforços dos infelizes.» E limpando uma
lagrima que lhe escorregava pelo rosto rugoso e
palido entregou ao soldado o fructo das suas sau-
dades. Era o poema *Camões!* Erguendo-se pou-
co depois o batalhão, o poeta esqueceu as suas
desgraças e a dos seus livros, e viram-n'o todos
então galhofar e rir com os seus mais sympathi-
cos amigos na marcha para o Porto á rectaguar-
da das tropas do Mindello. Pouco tempo depois
que chegou á cidade invicta, foi Garrett encarre-
gado como official maior, de organisar as secre-
tarias d'estado dos negocios do reino e estran-
geiros, pelo que foi muito elogiado e obsequiado
pelo imperador D. Pedro, quando viu os seus
perfeitos trabalhos que seriam certamente enve-
jados pelos estadistas mais eminentes da Europa.
Em Agosto de 1832, tendo mais vagar começou
a fazer o rascunho do primeiro volume do ro-
mance *Arco de Sanct'Anna* de que fallarei adiante.
Em 19. de novembro do mesmo anno de 1832,
foi o poeta enviado em commissão a Londres co-
mo secretario da missão extraordinaria Incum-
bida ao duque de Palmella, Mousinho d'Albu-
querque, e marquez do Funchal; e depois de con-

(1) Veja-se a nota no fim.

cluir essa missão importante embarcou para Fran-
ça a visitar o nobre Palmella que fugira para ali
com sua familia quando chegou em 1830 ás agoas
da Praia que estavam tomadas pelas grandes for-
ças naváes do usurpador. Por muita felicidade
pode n'essa occasião, salvar-se o duque com sua es-
posa, bastante doente, e outros diplomaticos, na es-
cuna britannica *Jack of the Lantern*, porque se as
embarcações de D. Miguel lhe podessem esténder as
garras sedentas, sugeitava-se a soffrer uma mor-
te affrontosa no continente, como succedeu a al-
guns desgraçados portuguezes, e succedia ainda
mais se os exforçados liberaes não se apressas-
sem a saccudir o jugo traidor que os mar-
tyrisava. Assim, escapando quasi milagrosa-
mente, a essa tortura, foi residir para uma
povoacão denominada Passy, nos arrabaldes de
Pariz.

Chegando o illustre poëta á grande capital da
França, e não encontrando já o duque, ficou ali
por algum tempo — julgo que por falta de meios
com que se transportasse a Portugal — até que
pôde voltar finalmente á patria, indo logo apre-
sentar-se ao corpo onde deixara a sua querida
espingarda, mas não chegou a abraçal-a de novo,
porque o ministro encarregou-o da reforma geral

dos estudos do reino, entregando-lhe a nomeação de secretario d'essa commissão.

No fim de grande e trabalhosa lida, deu Garrett por finda a commissão, apresentando ao ministro um perfeito reportorio para illucidar os membros d'essa juncta sobre o melindroso assumpto.

Foi muito elogiado o pensamento do auctor, mas infelismente esta tentativa não pode vingar os desejos do ministro em consequencia da repentina e inesperada doença que surprehendeu o Regente, e ainda mais porque o thesouro não podia com as enormes despezas que demandava tão util, quão espinhosa empreza, — e assim ficou aquelle perfeito trabalho, dormindo na secretaria, como todos os planos de grande merecimento, servindo só mais tarde de modélo para crear varios systemas, que se teem adoptado, quasi todos d'uma duração ephemera.

Vendo o poeta que não davam desenvolvimentos e execução ao seu prospecto, pediu que ao menos lh'o conservassem intacto até que um governo mais resoluto, o posesse em practica.

Em 14 de Fevereiro de 1834 foi o auctor do *Camões* encarregado de negocios de Portugal para a côrte de Bruxellas, onde serviu até Janeiro de 1836. Ali no exercicio das suas funcções, pôde dar-se com affinco ao estudo da lingua de Goêthe, Schiller e Klopstok; os escriptores que melhor conheceram e cultivaram a litteratura allemã. No fim de tantos annos d'amarguras e trabalhos, levava a effeito um desejo que alimentava desde os primeiros annos da academia, o de conhecer esses tres grandes vultos da culta Allemanha. Nas horas em que o seu ministerio estava sem negocios d'importancia a tractar, encontrava-se sempre João Baptista amarrado com pura devoção aos melhores livros de João Wolfgang, o poeta que em creança chorava d'alegria vendo representar no theatro burguez de Francfort, as peças horripilantes dos tragicos antigos.

Em tão boa hora começou Garrett a estudar a lingua progressista da Allemanha, que nos desoito mezes que residiu em Bruxellas, adiantou mais do que muitos naturaes que cursavam universidades.

Sendo nomeado ministro residente para a corte de Copenhague em Novembro de 1835, não acceitou esse cargo em consequencia de sentir a saude fortemente abalada; e conservou-se na Belgica como deixo dito, até Janeiro de 1836. Ali foi que o rei Leopoldo o agraciou com a honrosa condecoração d'official da sua Ordem no

dia 7 d'Agosto de 1835; e pouco depois ou pou-
co antes foi feito commendador da Ordem de
Christo. ....

Voltando a Portugal; recusou-se a acceitar o
cargo d'administrador d'um dos melhores distri-
ctos administrativos que lhe foi offerecido por es-
sa occasião, bem como a nomeação d'enviado ex-
traordinario e ministro plenipotenciario para a
corte do Brazil.

Em Junho ou Julho do mesmo anno de 1836,
tendo os deputados da opposição deliberado crear
um jornal politico, entrou o poeta para essa so-
ciedade, e fundou o periodico com o titulo de
*Portuguez Constitucional,* e colaborou-o — creio
eu — alguns numeros, mas pela revolução de Se-
tembro deixou de tomar parte na redacção. N'es-
te tempo recusou-se a acceitar varios empregos
que lhe offereceram, como o lugar de Presidente
do Tribunal superior do Commercio, e de Conse-
lheiro do Supremo Tribunal de Justiça, e tambem
uma pasta n'um ministerio composto d'individuos
seus amigos pela maior parte.

Dando de mão a todos estes offerecimentos
que lhe faziam a todo o momento, pediu em com-
pensação a S. M. F. que fosse condecorado com
a medalha da Torre e Espada, o cavalleiro inglez

João Adamson, pelos grandes serviços que prestara a 'Portugal e sua litteratura,' escrevendo as suas bellas *Memorias de Camões*. O mesmo solicitou para o digno historiador Roberto Southey, que escrevera a magnifica historia do Brazil. Estes dois cavalleiros foram agraciados promptamente pela senhora D. Maria II que mandou declarar nos despachos, que essas concessões eram feitas em attenção a João Baptista d'Almeida Garrett.

O poeta ficou penhoradissimo á Soberana por ver que ligava tanta importancia ás suas petições, e lhe dispensava tantas sympathias, a ponto de declarar que concedia honras e condecorações a seu pedido. Em 9 de Novembro d'este anno, foi o poeta nomeado Juiz do Tribunal do Commercio de Segunda Instancia, lugar que acceitou de boa vontade, e em 14 de Novembro do mesmo anno, agraciado com a carta de conselho, e o diploma de cavalleiro da Ordem da Torre de Espada do Valor Lealdade e Merito.

Passados alguns dias recebeu o cargo d'inspector geral dos theatros e espectaculos nacionaes.

Em 16 de Dezembro foi nomeado vogal da commissão encarregada de organisar as côrtes geraes e constituintes da nação. Por occasião de solicitar a mercê Real para os dois cavalleiros

Adamson e Southey, pediu tambem que se fizes-
sem cavalleiros de Christo, o barão de Reifem-
berg, illustre sabios da Allemanha que prestara
grandes serviços a Portugal e á rainha no tempo
da emigração, e o direćtor do observatorio de Bru-
xellas, Mr. Quetellet, philosopho e littérato dis-
tincto. Nos principios de 1837, foi Garrett no-
meado enviado extraordinario e ministro plenipo-
tenciario para a côrte de Hespanha; mas não pô-
de tomar conta d'esse cargo porque fôra então
eleito deputado ás côrtes de 1836 a 1838, pela
provincia do Minho, e pela ilha onde passou o
fim da infancia e principio da adolescencia no re-
gaço da familia, e embalado pelas saãs doutrinas
de D. Frei Alexandre da Sagrada Familia seu tio
e mestre. N'este tempo era Garrett membro ho-
norario da Academia das Bellas-artes de Lisboa
e d'outras associações. Escreveu tambem este an-
no, e publicou, o *Manifesto ás Côrtes Constituin-
tes da Nação.* Sendo pois eleito deputado e
tendo um lugar aberto na tribúna, pode o
grande poeta mostrar ás turbas embasbacadas, a
sua subida eloquencia, e a expontaneidáde da pa-
lavra, que já divulgara inda joven, no tribunal,
onde fôra chamado para responder pela sua com-
posição poetica que já citei, o *Retracto de Venus!*

Era esta talvez a primeira vez, que estremecia o vasto edifício de S. Bento, com os brados d'um orador, robusto! Era a primeira vez que a numerosa assemblea borrifava as camaras, com lagrimas arrancadas ao som das palavras inergicas d'um poeta!

Aquelles que tinham ainda nos ouvidos, os eccos molestadores de passados oradores, levavam passo a passo, os lenços ás palpebras, para estancar as torrentes impetuosas que lhe rebentavam das orbitas, que tremiam com os olhares penetrantes d'aquelle genio superior e brilhante, que imperava forte e vigoroso sobre a grande, assemblea! O grande orador, derramando aquelles jactos de sublimes pensamentos, sobre o audictorio estactico e silencioso que o escutava nesses deliciosos momentos d'altiva e não imitada inspiração, e fazendo silenciar profundamente até os seus mais encarniçados adversarios da palavra, assimilhava-se a esse grande colosso de Rhodes, mirando do alto engrandecimento, as camadas de pygmeus, que o admiravam assombrados, envoltos no lodoso rastejamento em que jaziam esquecidos. Tudo era pequeno e enfesado ante aquelle vulto gigante, que ninguem ousara acommetter! Tudo tremia e enfiava, quando elle batia com

altivez e vehemência as robustas azas-da intelli-
gencia, remontando, as erguidas regiões, onde a
nenhum orador fôra dado chegar. Até Jose Este-
vão, ó, proprio Jose Estevão, o Eschines portu-
guez, e talvez primeiro orador nos conceitos,
oraes, exactas e engraçadas comparações, e ci-
tações eruditas que apresentava no discurso, mui-
tas vezes tremeu e vacilou, para lhe responder,
e affogou no peito a palavra fulminante que lhe po-
voava os labios, çom que pretendia cortar o dis-
curso do enthusiasmado orador. Éra que o exal-
tado Estevão, receiava perder n'aquelle oceano
d'ouvintes, o qne já tinha colhido em dilatados
debates parlamentares,—a profunda sympathia,
e alta estima que os portuguezes lhe tributavam!
E quem não confrangiria o animo e a vontade,
ante a figura arrogante e intelligente, do gigante
cantor de Camões?! Quem entraria na louca em-
preza de querer apagar-lhe aquelle fogo, que re-
verberava nas frontes dos demais oradores, e lhes
offuscava a pequena luz do espirito?!

É que José Estevão nunca havia conseguido o
que Garrett fisera ao dar a primeira passada so-
bre as aras!—tomar o pulso a toda aquella
caterva d'aspirantes a oradores, e mesmo aos já
consummados—José Estevão era fogoso, elo-

quente e dominador, mas esse mesmo fogo quéi-
mavá-lhe quasi o uso da razão, e o residuo'd'el-
lá, fúgia-lhe por fim, impellido pêlos ventos, as-
soprados por aquelles que brandiam as mesmas
armas e na mesma área que elle pisava na luc-
ta. Garrett esse, era já um genio muito differen-
te; é uma razão mais firme e pensadora, um ta-
lento mais profundo! Todas as suas palavras
saïam sempre cheias de convicção e robustez!
Não titubeava para divulgar os seus pensamen-
tos, como esses oradores que estão sempre repe-
tindo o fatal *digo*, que rouba inteiramente o me-
recimento e a força á oração, que acaba quasi
sempre com a friagem do gêlo.

Garrett, era sempre firme e inquebrantavel,
nas suas affirmações ou negações. Jamais as ca-
maras o ouviram pedir desculpa dos erros que
commettera no calor da discussão, como aconte-
cia a Jose Estevão. Essa fraqueza, humildade,
sede d'applausos, ou não sei se diga ignorancia,
que possuia o maior emulo d'Almeida Garrett,
nunca girava nas veias d'este. O poeta orador
nunca descera á humilde posição d'Estevão; nun-
ca se arrependera de proferir os dictamès que
sentia ferver no coração, e lhe subiaím ao cere-
bro em cachões indomaveis. Era a viva imagém

do positivismo; não retirava aś nobres filhas da sua lingua, porque eram expellidas pela alma, e estrivavam-se logo sobre o amplissimo estradô da verdade nua e crua. Depositadas ahi, as suas francas e leaes opiniões, jamais o deixariam manchado como o soro abominavel da mentira. Garrett, não fallava com os labios, ou fallava pelos labios: as suas palavras saiam espontaneas dos *seios d'alma;* e voavam aos ouvidos dos ajunctamentos, sem que a lingua tivesse tempo de as emprazar um instante, para lhe tirar a força que trasiam d'aquelle vaso inestimavel.

Garrett, era um d'estes genios phenomenaes, que em cada palavra legam ao mundo uma grande sentença, é fertilisam os torrões encadecidos pela aridez da atmosphera com cada pégada, que imprimem na terra; cujas lagrimas nutridas com o amor da patria, lavam complectamente a ignorancia d'um povo! Haviam momentos em que se exaltava tanto em fallar de passadas desgraças e vecessitudes suas e alheias, que se lhe enluctavam os olhos, e soltavam intensas cachoeiras de pranto, que lhe subia ali sób a influencia dós seus séntimentos nobres, e puros affectos que alimentava pelos irmãos oppressos! N'essas situações de excessivo enthusiasmo; cu-

jos eccos enterneciam os corações mais impeder-
nidos, não era o homem que fallavá, o orador que
buscava termos fulminantes para verter sobre um
montão de homens d'uma classe mais humilde
ou illustrada que a sua, nem mesmo o poeta
que dilirava sobre os bordões cançados d'uma
lyra apaixonada, não; eram as cordas mais inti-
mas da alma d'um genio privilegiado, que vi-
bravam aos sopros d'um coração generoso, que
se debatia em guerra de morte, com as lufadas
procellosas que tentavam cortar-lhe a passagem
que operava no caminho da virtude e da lealda-
de, para que seus irmãos o seguissem até chegar
ao templo da felecidade.

Não era a lingua que dictava o prospecto da fu-
ctura tranquilidade dos povos, era a alma que
suspirava, na incerteza de saber se os seus ais
eccoariam no céu. Era o amor que consagrava á
patria, que o transportava a essa elevação des-
medida, onde bebia aquelle genio arrebatador que
ali derramava; eram as idéias amargas que inda
lhe povoavam a mente, do que soffrera em prol
da terra onde abrira os olhos pela primeira vez,
quando viu seus altares profanados, pelos ho-
mens que constituiam a tyrannia que ahi reinou
algúns annos: era o anclar fervoroso que alimen-

tava, de não medir mais, os dédalos pavarosos que topara durante o seu vaguear de peregrino, por climas estranhos, debaixo de sóes e ventos que lhe crestaram a fronte durante o seu viver de miseria.

Conhecia-se n'aquelle ser previlegiado uma tão vehemente fôrça moral e persuasiva, que não parecia robustecida ao sopro dos ventos terrestres, mas abençoada e deposta nos seus labios eloquentes, por Áquelle que creou o céu e a terra, o bom e o mau, que é juiz superior, entre todos os juizes que julgam os actos dos povoadores do mundo. Era a voz d'um anjo que descia á terra, para abafar o ecco pestilente das paixões desenfreadas d'alguns membros que constituem este amalgama incommensuravel, onde chafurdam os entes virtuosos, no lugar que era destinado aos réprobos.

Garrett era grande, muito grande, grande poeta, grande orador, grande dramathurgo, grande publicista e grande alma, como poucas teem havido na nossa terra. Era grande, sim, ninguem o nega; mas no meio de todas as suas grandezas, tambem provou por vezes, algumas rebeldias do estro. N'esses instantes ou momentos de contradicção — faça-se-lhe justiça! — via-se-lhe pairar

no rosto pallido, e ás vezes affogueado; um ama-
rello vislumbre de colera e despeito, mas que el-
le dissimulava promptamente, com o sorriso sar-
castico de que soube usar sempre com maravi-
lhoso exito.

Mas aquelle sorrir de cynico, que tinha pen-
dente dos labios perante as mais apertadas si-
tuações, não brotava certamente do seu peito
sensivel e generoso; alimentava-o só exterior-
mente, para sustar o peso da maldição dós ho-
mens que tentavam derrubal-o a toda a hora, do
alto do seu pedestal. Era sublime contemplal-o,
em briga renhida com os dois unicos elementos
que o estimulavam para arrancar a espada de
sceptico, e cobrir-se com o manto do cynismo,— o
desejo de revelar os seus intimos pensamentos,
debatendo-se em guerra medonha com a musa
oratoria, que se recusava a inspiral-o quando as
suas tendencias eram para batter, e menospre-
sar, as loucuras que lhe repercutiam nos ouvi-
dos, e via commummente sanccionadas pelos de-
putados que nada iam fazer ás côrtes em provei-
to da patria, que precisava quem lhe desse apoio
e não a fizesse descer aos abysmos da extrema
aniquilação? Foi assim que este talento superior
e monstruoso, entrou na liça oratoria, ladeado

pelos adversarios enraivecidos, que deposeram
vergonhosamente a arma da côbardia. Foi um
genio incomparavel no nosso seculo! Principe ou-
sado em todos os themas em que metteu o pê
pela primeira vez: caudilho exforçado, em todas
as missões de que o encarregaram.

Ninguem como elle, soube manejar o florete
deffensor nas aras parlamentares, contra os con-
tendores sophistas que o atacaram á queima rou-
pa; ninguem como elle, soube atravessar a barra
da intelligencia, no caminho que seguiam os Zoi-
los no campo das lettras; ninguem como elle
soube receber o choque dos desappontamentos
da vida, que sempre o seguiam de perto! Nin-
guem se resignara mais, perante os sóes enve-
nenados que lhe beijaram as labios, deixando-lhe
por legado a descrença e o septicismo; nin-
guem ousou lançar a mais leve passada alem da
sua, mas atreveu-se elle a deital-a á frente de to-
dos.

Viu-se-lhe adiantar o passo á frente do gran-
de Coelho de Magalhães, o orador que não estre-
mecia diante de ninguem, e zombava do medio-
cre cabedal dos que oravam a seu lado; e en-
tão, escutal-o com a fronte baixa como quem te-
mia ser fulminado por aquelles olhares de fogo

que Garrett assestava sobre o audictorio quando
soltava a voz eloquente. Almeida Garrett, o ora-
dor que era agora respeitado e querido como um
enviado de Deus, fora recebido nos seus princi-
pios politicos como o grande apostolo do Orien-
te, o leal discipulo de Loyola, o foi outr'ora pe-
los rusticos malequenses; mas os que antes o
maldisiam e atacavam com a sanha do tygre cur-
vavam-se por fim humildes ao vel-o passar, e ado-
ravam-n'o. Com Garrett succedeu quasi que a
mesma cousa. Os homens que o perseguiram ao
vel-o nascer para a tribuna, confessaram-se ven-
cidos finalmente, quando o viram erguer-se aci-
ma de todos, e rangeram os dentes invectivando
a sua propria impotencia, como Satanaz mordendo
na cauda quando S. Miguel o despenhou no in-
ferno! E o nobre deputado envolvido em tão gra-
ves e trabalhosas occupações ainda lançava os
seus meigos sorrisos para as suas pobres obri-
nhas como elle lhe chamava.

«Fraco homem de lettras sou, — não
«presumo d'ellas, mas nunca prostitui
«a minha prosa n'uma mentira, os meus
«versos n'uma lisonja.»

(Garrett.—*Discursos*)

## IX

Tendo-lhe sido como deixo dicto acima, en-
carregada a inspectoria geral dos theatros, e es-
pectaculos do reino, começou por esta occasião
a trabalhar com infatigavel constancia, para pro-
mover a instrucção de homens intelligentes para
a litteratura dramatica, bem como, n'outros ge-
neros, creando logo com muito trabalho o Con-
servatorio, edificando o theatro normal, e instru-
indo artistas escolhidos para a scena do novo

theatro que elle promettia crear com. as suas peças, todas thesouros de sublimidades litterarias, como ainda não se tinham visto n'esses casarões d'espectaculo, que eram a vergonha da nação. Juncto com estas bellas instituições creou tambem uma meza de censura para as obras theatraes que seus auctores destinavam á representação, cujas funcções estavam incumbidas aos ecclesiasticos. Garrett protegeu sempre com sincera cordialidade e boa vontade, todos aquelles que o consultavam, como litteratos, artistas, e todos os mais em que os seus profundos estudos podiam influir. Nunca fôra orgulhoso nem despota este grande heroe da historia litteraria do nosso paiz. Ensinava o que sabia, e empregava todos os meios que estavam ao seu alcance, para arranjar quem ensinasse aos outros o que elle ignorava. Aconselhava todos com a pura affabilidade que tinha sempre n'aquèlla alma de poeta ; não era d'estes sabichões balofos da moda, que pretendem abraçar o céu e o mundo, e repelem os que se vão alistar nas mesmas fileiras. Garrett não era assim: quem o procurasse, encontrava n'elle sempre palavras meigas e de consoladora esperança, que são talvez as melhores academias, o melhor curso, o melhor apoio que o homem póde encontrar;

o baculo mais firme onde se apegue para lançar
a mão aos ramos do erguido loureiro, e laurear
a fronte que guarda o genio, muitas vezes dentro
do involucro da timidez. 'Ahi temos para amos-
tra do que foi o denodado escriptor,' e do que os
seus estudos e os seus maduros conselhos servi-
rám; o nosso distincto poeta Francisco Gomes de
Amorim, digno de todos os respeitos e elogios,
pela gratidão e saudade que sempre guardou
pelo mestre" que lhe afinou as cordas magnificas
d'aquella lyra, que começou a desferir as primei-
ras harmonias ao som do farfalhar ruidoso das
palmeiras da America, e dos bramidos do colos-
sal Amasonas.

Em 11 de Junho de 1838, começou Almeida
Garrett a compor com toda a solicitude o *Aucto
de Gil Vicente*, esse drama verdadeiramente por-
tuguez que abriu com feliz successo as portas ao
theatro moderno, e o expurgou das nauseantes ca-
taplasmas dramaticas que haviam tido principio
no antigo theatro do Bairro-Alto, e ainda se fa-
ziam ouvir então no fundo e arruinado barracão
da rua dos Condes. Esta magnifica obra do au-
ctor do *Catão* apresenta-nos um quadro suffici-
entemente avivado com as côres da epoca de-el-
rei D. Manuél, do caracter apaixonado do poeta

das *Saudades*, e do jocoso Gil Vicente, cognominado o *Plautò Portuguez*, que fez os alicerces para o nosso theatro antigo com os seus actos. Depois de complecto este bello trabalho, apresentou-o o poeta no theatro da rua dos Condes para entrar em ensaios, o que logo se fez, tendo logar a primeira representação na noite de 15 de Agosto do mesmo anno de 1838, entre os applausos vertiginosos, e bravos dos espectadores que todas as noites enchiam o theatro. Este drama foi impresso pela primeira vez em 1841, juncto com a tragedia *Merope*, que nunca tinha sido impressa até ali.

Por esta occasião sollicitou o novo dramaturgo, da bondade Real, que fossem condecorados distinctamente os melhores litteratos e artistas que então floresciam, e pôde alcançar a medalha da Torre de Espada para o seu Illustre amigo e collega, que Deus conserva ainda entre nós para sustentaculo das nossas lettras, o sr. Alexandre Herculano — o inspirado creador ou animador d'Eurico, esse sacerdote guerreiro, e da virgem e apaixonada Hermengarda, a victima do soberbo e ambicioso duque de Cantabria seu pae, e auctor de muitas outras obras que serão sempre universalmente estimadas, e jámais deixarão de occupar um lugar

distincto nas livrarias dos homens que'amam apai-
xonadamente as bellas-lettras, e os cultores da
ideia que souberam profundar o coração humano.'
Igual mercê, pôde alcançar Garrett para o sr. An-
tonio Feliciano de Castilho (hoje visconde) o pro-
fundo auctor da *Novissima Heloiza* da *Chave do
Enigma*, do estudo poetico ácerca de *Camões*, dos
*Ciumes do Bardo*, e de muitos opusculos que a
nação folhêa com avidez pelo seu grande mereci-
mento poetico e philosophico!!!

Pouco depois foi tambem agraciado com a me-
dalha da ordem de Christo, a pedido de Garrett,
o distincto actor Epiphanio Aniceto Gonçalves e
outros lidadores do theatro, como scenographos,
e varios individuos pertencentes a diversos ramos
artisticos e scientificos, que se cultivavam no con-
servatorio que elle havia instituido com todos os
seus exforços.

Até áquella epoca ainda se não tinha premia-
do devidamente no nosso paiz um operario da
ideia, ou um artista de talento superior, como
tantos que nasceram sob este' delicioso firma-,
mento, e morreram sem premio, como Pacheco,
Albuquerque e Camões! ¡ . . . .'

Vergonha!! Foi necessario que surgisse Garrett
d'entre os espinhos do desterro, para dar esse

grande exemplo aos nossos reis—ensinal-os a recompensar os serviços dos homens, extremados por talentos e virtudes, como tantos gigantes Lusos que a sociedade percebeu só para os martyrisar e matar com fome e apupos.

Se este grande genio tivesse nascido tresentos annos antes e presenciasse os quadros desoladores que pintou no seu *Camões*, não teria o principe dos poetas portuguezes acabado os dias tão desamparadamente, entre seus irmãos, que é um labéo vergonhoso, estampado na fronte dos descendentes do grande vencedor d'Ourique!

A victima da hypocrisia vil dos falsos conselheiros, (1) havia de se mover ás expressões do cantor de *D. Branca*, e o amante da infeliz *Natercia* seria bemdicto e acatado, pela corte do monarcha que, perdeu a vida em Alcacer-Kibir, e premiado pelos seus trabalhos d'espada e penna. Mas desgraçadamente, Almeida Garrett só appareceu entre nós, quando os ossos do grande Luso eram jà extinctos n'uma sepultura ignorada pelos portuguezes!

É pena que existencias tão sublimes como a de João Baptista, só appareçam na terra de se-

_____

(1) D. Sebastião.

culos a seculos; e o que ainda é mais lamenta-
vel é que a sociedade que os rodea, não possua o
necessario grau de intelligencia para os compre-
hender, é só lhes chame gigantes quando desap-
parecem do mundo; perseguidos pela miseria e
pela infamia dos que embalançam thuribulos em
derredor dos thronos onde se assentam os monar-
chas.

Se os agraciados ficaram gosando uma grán-
de reputação e alcançaram uma coroa de gloria, a
Garrett coube ainda muito maior gloria, porque foi
quem ceifou os louros com que a fabricou para
os condecorados.

Procedendo-se ás eleições geraes pelos fins de
1838, foi o nosso poeta eleito deputado pelas
ilhas dos Açores, e continuou com as suas calo-
rosas discussões, que chamavam todos os dias a
S. Bento um ajunctamento escolhido e numeroso.
Algumas horas que lhe sobravam das grandes li-
das camararias, aproveitava-as n'um perfeito es-
tudo, e projecto de lei para garantir os direitos
de propriedade litteraria em Portugal; projecto
que apresentou depois de inteiro, nas camaras,
para ser discutido e resolver-se aquelle assum-
pto, que era o pensar constante d'alguns homens,
havia já muitos annos, e que não tinham conse-

guido concluir, apesar das altas diligencias que ti-
nham empregado.

Consta que este projecto de lei do grande talento, é concebido sobre bases tão solidamente construidas, e ideias tão ampla e elegantemente desenvolvidas e sensatas, que faria inveja aos projectos dos estadistas mais notaveis das outras nações. — Correndo logo impresso este primor d'estylo e pensamentos inteiramente novos, foi parar ás mãos dos homens mais sabios nacionaes e estrangeiros, recebendo uma honrosa homenagem dos litteratos e estadistas da Allemanha, que viveram com Garrett em varias cidades onde elle esteve, e d'outros que o estimavam conhecendo-lhe apenas aquelle nome que soáva já grande e altivo nas terras mais illustradas da Europa. Estes preciosos lavores litterarios, filhos de profundas meditações no regaço do silencio, foram no fim de muitos debates, approvados em parte pelas camaras dos deputados, em 1840, e passado isso esqueceram-n'os redondamente sem que podesse vigorar essa lei, por não ter sido commumente approvada pela camara dos dignos Pares, e passou muito tempo sem se fallar em tal assumpto.

Em 2 de Julho d'esse anno de 1840, foi Garrett

nomeado plenipótenciario 'do 'governo,' para 'convencionar um tractado de commercio e navega-
ção com a republica dos Estados Unidos 'da America, cujo 'governo, solicitava essa convenção com
Portugal désde muitos annos, e nunca se concluira, apesar de se entregar o desempenho d'ella, a
varios homens publicos, que sempre a deixaram
aquasi no ponto de partida.

Garrett pôde avançar mais, e em menos espáço de tempo de que os seus passados. Começou
a desempenhar essa commissão, com a influência que se dava ás coisas, de que o encarregavam; è conseguiu assignai-a e concluil-a nos fins
d'Agosto do mesmo anno. E alem de todos estes
trabalhos a que se entregava, e negociações de
grande responsabilidade, tinha a seu cargo corrigir, emmendar e dirigir a edição das suas obras
complectas que vendera por esse tempo á muito
acreditada livraria, conhecida em quasi todo o
mundo, que gyra sobre a antiga e acreditada firmá de *Viuva Bertrand & Filhos*, estabelecida proximo da egreja dos Martyres. Esta nova edição
começa por *Camões, Catão,* e *Auto de Gil Vicente, etc.* Em 1837 era o poeta presidente honorario da Sociedade Escholastico-Philomatica Lisbónense, e no principio de 1840, membro corres-

pondente do Instituto historico e geographico do Brazil.

Abertas as camaras de 1840, precedidas pelo gabinete de 26 de Novembro de 1839, e estreitamente apertadas pelos deputados dos bancos da esquerda, pode o ministerio alcançar o favor dos votos do centro, com que triumphou ó poetá, tomando por essa occasião o logar de primeiro orador do centro, honra devida ao seu conhecido talento, e ainda mais á cordial amisade que lhe tributava o seu amigo, e collega na tribuna, Rodrigo da Fonseca Magalhães que servia então interinamente de ministro e secretario d'estado dos negocios estrangeiros, funcções que chegou a exercer effectivo, em Junho de 1841. N'este tempo era Garrett socio honorario da Associação dos Advogados de Lisboa, e d'outras. N'esta sessão das camaras de 1840, Garrett dispunha-se a combater inergicamente as vãns opiniões dos oradores da esquerda, e sendo provocado d'aquelle lado antes que desse motivos para isso, tossiu assoôu-se e ergueu-se, rugindo, qual Lycurgo arremettendo com Leocrates, e alongando os olhos sobre o expesso mattagal d'ouvintes, prorompeu n'um discurso de tanta força, que levou as camaras ao maior grau d'exaltação e temor! Dominou todos e o proprio edificio, é muito natural que sentisse um abalo n'aquella occasião. Este discurso de grande superioridade foi preferido para refutar as ideias do primeiro orador da opposição, José Estevão, sobre o discurso da coroa relativo a questão ingleza, e o poeta intitulou-o *Porto Pyreu*, por comparar ali os seus adversarios com um celebre louco-sonhador da Grecia. Este rasgo sublime e grandioso do parlamento portuguez, è tão cheio de eloquencia, puras ideias, e imagens tão magnificamente debuxadas, conceitos tão firmes e convincentes, que os homens mais experimentados em pugnas oraes que se achavam nas camaras n'essa hora de espectação e delirio, affirmaram e affirmam ainda que é o melhor florão que existe nos annaes da tribuna portugueza! Dizem que atearia a chamma da inveja ao proprio Demosthenes se vivesse ainda.

Para se ter a certeza que foi um discurso de grande merito, não era perciso possuir-se a subida intelligencia que se necessitava para lhe penetrar no amago, e tomar conhecimento com as extremidades; bastava presenciar o espanto com que todas as camaras o receberam, e o silencio que reinou em tamanho labyrintho, durante mais de duas horas que o poeta gastou a proferil-o.

«O illustre deputado, depois de dizer que não fasia maior caso das calumnias que lhe teciam os seus adversarios; espalha nas camaras estas palavras que penetram como ballas nos corações prostituidos dos seus emuladores, fazendo abaixar os olhos a uns, e rugir de raiva a outros:

«Por mim, ladrem todas as gargantas do cão infernal, que nem me importa açaimal-o de força, nem uma sopa lhe hei de deitar para lhe calar um latido.

«Como cidadão, nunca renunciei um direito, nem que me custasse a fazenda, a vida, a patria: tenho-o provado nos carceres, no exilio, na miseria...

«Como subdito nunca faltei a uma obrigação: e não menos assellei a minha lealdade.

«Como portuguez, nem um pensamento leve, momentaneo —, chegou a cruzar-me inda no cerebro de que não possa vangloriar-me á face do mundo.

«Como funccionario publico, quiz minha boa estrella que ainda não estivesse em lugar a que podessem chegar nem as suspeitas da inveja...

«Fraco homem de lettras sou, não presumo d'ellas, mas nunca prostitui a minha prosa n'uma mentira, os meus versos n'uma lisonja. Fallem

esses opusculos que 'a inação portugueza ainda
tém a'indulgencia de ler. Fraco soldado fui, o
ultimo o derradeiro d'essa phalange em que tan-
tos morreram para nos immortalisar a todos. Mas
não fiquei nos *bailes de Pariz ou nos pasmato-
rios de Londres* (1) em quanto os meus compa-
triotas vinham encerrar-se nós debeis muros do
Porto; nem a minha mão apesar de imbelle e
doente, recusou pegar na espingarda de soldado
para ficar nas reservas de França e d'Inglaterra,
manejando a penna censoria que tudo achava
máu, quanto se fazia pelos que expunham a sua
vida por elles. Cobri-me de vestido grosseiro,
nutri-me do pão grosseiro do soldado razo, nun-
ca tive outra paga e outra etapa, fiz como os ou-
tros sem ser valentão; e a debil pégada que o
meu obscuro pê imprimiu nas praias do Mindel-
lo ha de ficar gravada na historia, como a dos
bravos, cujos heroicos feitos rodeiam d'uma au-
reola de gloria, os francos serviços de seus honra-
dos companheiros, que, para o commum empe-
nho não deram pouco no que deram, porque era
tudo quanto tinham.

...................................................
...................................................

(1) Palavras de José Estevão.

·¹·«No Porto Pyreu, estavam os que cobrindo as cazacas bordadas de brazões feudaes com a sotana de tribuno, escondendo debaixo d'ellas as decorações aristocraticas, iam fraternizar para os clubs republicanos a certas horas do dia; e n'outras despida a sotana, iam ás escondidas introduzir-se nos salões reaes, forrar as paredes do paço e desforrar-se em orgulho e vaidade, das horas da compressão em que tinham sido obrigados a affectar lhaneza e humildade. Como nos tempos de gloria da velha *rua dos Condes*, e do *Salitre* quando o rei encoberto desabotoava o cazacão e proferindo a solemne palavra, *Reconheces-me?* caia tudo aos pés do rei de theatro e o theatro com palmas e bravos; assim succederá a estes quando o povo em mais vasta plateia abrindo-lhe a sotana de tribunos, vir por baixo as fardas bordadas em todas as costuras, o orgulho de fidalgos novos, a presumpção da gralha com as pennas de pavão. Tambem o theatro ha de vir então abaixo não com palmas, mas assobios e apupos!

«No Porto Pyreu estavam os que imaginaram que este honrado povo portuguez se tinha esquecido de que pela Legitimidade lhe viera a liberdade, que na fidelidade dos seus reis, tinha a me-

lhor "garantia d'ella,"e a *unica* de sua indepen-
dencia; que na religião de Jesu Cbristo — a'só
crença que professa a igualdade do homem — ti-
nha o mais seguro amparo e fortaleza de seus
direitos. Que assentaram que bastava dizer insul-
tos ao throno, para que o throno ficasse impopu-
lar; que bastava mofar da religião para que o po-
vo abjurasse a religião de seus paes!

O povo zombou d'elles!! O povo curou-os da
sua loucura, desenganando-os, amando a religião,
respeitando o throno e querendo a liberdade com
ambos. O povo foi o seu medico, queixem-se d'el-
le se podem, mas as receitas ahi estão—e as visi-
tas do medico, ao menos não as pagaram. »

E assim acaba o grande discurso do gigante
poeta-orador; do infeliz soldado da liberdade,
do patriarcha das lettras, do talento incompara-
vel a muitos respeitos.

Toda a camara se sentiu dominada e assom-
brada com tão altos e firmes brados. A propria
phalange da opposição confessou secreta e publi-
camente, quanto era insufficiente para se medir
com aquelle choupo altivo! E esses oradores na-
da mais lhe fizeram do que a justiça que elle me-
recia, á vista d'aquelle rasgo inimitavel de gran-
dezas do pensamento. Tamanhos turbilhões d'e-

loquencia não se podem comparar conscienciosamente na tribuna portuguéza, se não com o vulto gigantesco de quem os derramou sobre a assembléa extasiada. Monumentos como este, não é dado a todos erguei-os, n'um jacto tão repentino e sublime, como aquelles com que Garrett fazia gelar o sangue nas veias dos seus renhidos oppositores que se mordiam por não terem forças para ò imitar.

Comtudo o arrebatado José Estevão, estribando-se imperioso e arrogante sobre o numerosissimo partido que o cércava, para applaudir os seus conceitos e convicções, respondeu-lhe alguns dias depois n'um extenso discurso sobre a *ordem*, e arremetteu fortemente contra as doutrinas do poeta, mas as suas imagens nunca tomaram as côres vivas, e as formas divinas, das que apresentara Garrett, nem alvoroçaram tanto os ouvintes. Mas ousadia, atrevimentos, e citações eruditas já apregoadas mil vezes, não lhe faltaram desde principio até o fim do discurso, pelo que esperaram longo tempo as duas camaras com demonstrações de bem visivel impaciencia. O competidor de Garrett disse precipitado e colerico depois de se confessar inferior, e vencido por João Baptista; que os louros com que o poeta en-

ramava a fronte d'orador, estavam envoltos n'um
retalho de manto cynico ; mas estas palavras de-
pressoras nada poderam humilhar o robusto ani-
mador do vulto de *Aben-Afan* e da *Menina dos*
*Roixinoes*, por que o Porto Pyreu riu-se por essa
occasião d'aquella caterva de... de envejosos, e
gargalhará sempre sem temor, de todas as bafo-
radas parlamentares que tenderem degredar Gar-
rett, do campo onde elle derramou os puros in-
censos da intelligencia que lhe trasbordava d'a-
quelle vaso inexgotavel, em que muitos ambicio-
naram humedecer os labios que sentiam estalar re-
sequidos pela esterelidade do talento. Mas não o
conseguiram nunca, por que a taça onde o nobre
poeta guardava alegrias e soffreres, crenças e de-
senganos, baixou com elle ao regelo dos extin-
ctos, entornando-se com a convulsão temivel que
gyrou no envoltario d'aquella maravilhosa reli-
quia, ladeada sempre de religião, poesia, e amor
da patria,

Então, quando o viram cair, alguns que o ro-
deavam choraram vendo expirar aquelles raios
vivificantes que brilhavam no pendor de sua fron-
te respeitavel; e outros resfolegaram com ruido-
so enthusiasmo, porque já tinham auctorisação
para dar á luz os seus fetos pêcos, e atiral-os ao

seio da sociedade, sem a presidencia do humano
coração d'alguns parteiros que lhe censurassem
o procedimento. Assim desassombrados depois
da morte do fogoso orador, e senhores das mul-
tidões, tem alguns barateado mais facilmente, a
honra, a pouca fortalesa, e a independencia da
nação que lhes sorriu no berço, e vendido as pro-
prias consciencias, ao ouro vil dos infames. Gar-
rett nunca seguira os passos d'estes ultimos ; sof-
freria de melhor vontade os horrores da fome e
a escuridão das prisões, os cardos do exilio —as-
sim o provou muitas e muitas vezes—os apupos
e maldições da cohorte indigna que lhe escarra-
va nas pégadas, na impossibilidade de cuspir n'el-
le, e os escarneos da prepotencia encrespada, do
que sacrificar as crenças de verdadeiro patriota,
que tinha pousado sobre o altar da immutabili-
dáde.

Por esta epoca foi o poeta nomeado chro-
nista-mór do Reino, segundo alguns documentos
que apparecem d'esta dacta.

E o poeta andava atraz dos ministros para al-
cançar tantas honras? Parece-me que não

«E vós, vós todos assembléa illustre
«Os erros desculpae do ingenuo vate.
«. . . . . . . . . . . Louvor e applauso
«Nem o quero de vós, nem o supplico.»

(GARRETT.—*Catão*)

## X

Dissolvidas que foram estas camaras, onde
Garrett ganhara a reputação de primeiro orador,
e colhera os mais gloriosos trophéus, recolheu-se
ao silencio domestico, resolvido a descançar de
tantas fadigas; porém, passado pouco tempo co-
nheceu que a sua imaginação não queria descan-
çar, e principiou a procurar um meio de a intre-
ter, porque reagia fortemente contra a quietude a
que elle a obrigava, e os limites que lhe circum-

screvia. No intervallo que as cortes se conserva-
ram encerradas, abriu o seu bem concebido e
proveitoso curso de leitura sobre historia, cujo
prospecto de abertura lhe attrahiu uma immen-
sidade de mancebos estudiosos que eram entre-
gues n'esse tempo a mestres orphãos de auste-
ridade e principios, para aquelle tão grave em-
prehendimento, e que para Garrett fora objecto
da maior facilidade.

Annunciada a solemne abertura d'esse estabe-
lecimento de novo genero em Portugal, compa-
receu ahi a côrte, o ministerio, quasi toda a di-
plomacia, as academias, as duas camaras do par-
lamento, os tribunaes, e alguns titulares com suas
esposas, e muitas corporações e associações pu-
blicas e particulares que encheram as vastissi-
mas salas da escola do Carmo, cujo edificio esco-
lhera o poeta para estabelecer as suas prelecções.

Cheias as salas de senhoras e cavalheiros, e
quasi concluidos os preparativos para o grandio-
so espectaculo, ao som de baixas murmurações
do vasto audictorio, tudo esperava com viva an-
ciedade o apparecimento do poeta-orador, que
devia enternecer e fazer palpitar de goso o cora-
ção d'aquelles que sempre se sentiam impressio-
nados com a sua voz surdo-clara.

Todos estacavam sempre ante aquelle sem-
blante pállido, que manifestava com grande van-
tagem as amarguras tempestuosas que lhe tinham
estalado o corpo, deixando-lhe por herança o con-
tinuo soffrimento, abraçado ao qual devia saccu-
dir a vida á borda do sepulchro, rojando-se n'es-
se pavoroso recintho do esquecimento para rece-
ber em sua fronte explendida a terra arrastada
por um coveiro miseravel.

Os cicios do grande audictorio, de cada vez
se extinguiam mais na sala! É que todos espe-
ravam anciosos a chegada de Garrett, e não que-
riam perder as palavras que elle se dispunha a
proferir n'aquelle grande acto.

De subito correu nas salas um ruido mais dis-
tincto, que foi gradualmente expirando, seguin-
do-se-lhe um perpetuo silencio! Tudo silenciou
então, como a fabrica a que travaram a machina
de movimento! Tudo pareceu suster a respira-
ção para não cortar aquelle silencio! Era chega-
do o novo corypheu da instrucção publica, que
devia guiar os desprotegidos da fortuna ao tem-
plo que até li tinham buscado em vão.

Garrett derramou um d'aquelles olhares expres-
sivos de poderoso talento sobre a escolhida as-
sembléa, e tomando o logar que lhe pertencia oc-

cupar, começou a proferir um discurso, em que manifestou a grande necessidade que havia d'uma escola de tal natureza em Portugal, para a real instrucção dos amigos da litteratura, e mais sciencias que encétavam, e se viam por fim na impossibilidade de as levar o cabo por falta de quem os quad'juvasse; o plano que lhe parecia mais adoptavel para o fucturo estabelecimento; e os fructos que d'ali se podiam colher em proveito do paiz, onde os homens mais extremados em léttras e sciencias, começavam a inclinar a fronte para a sepultura; como o chorão que dobra sobre o lago estagnado que lhe apodrece as folhas e a haste da vegetação.

As ideias do poeta, foram commummente applaudidas pelas numerosas corporações que presidïam á festa; e viram-se humectados os olhos dos que presavam as orações do poeta, e lhe conheciam o vivo desejo de instruir aquelles que eram pobres de espirito, por falta de bons mestres. Até se viram chorar d'enthusiasmo os próprios adversarios publicos e particulares do grande orador, cujo timbre de voz, accendia um não sei que, que enternecia e dominava. Até os genios mais insensiveis e frios se sentiam n'aquelle momento suspensos dos seus labios, e constrangiam a custo, a respiração, para conservar a serenidade em que a assembléa descançava. No fim do discurso houve nas salas um complecto delirio. O audictorio deu então azas aos labios que mal podiam domar a força de enthusiasmo, e rompeu n'uma exclamação unisona, cheia de bravos e palmas: damas e cavalheiros, foram apertar a mão ao talentoso apostolo da instrucção; e elle recebeu todas essas provas de sympathia e affecto, com aquellas maneiras nobres e delicadas que eram tão suas, e imperavam sobre a amizade de quem tivesse a fortuna de tractar alguns momentos com elle.

Saindo parte do numeroso ajunctamento, apos aquelles vivos transportes d'admiração, ficou o poeta ainda algum tempo no gabinete, conversando com os seus amigos, ajudantes e discipulos, sobre a bella instituição e os applausos que recebera de pessoas tão instruidas e de que não era merecedor, dizia elle.—Mas estas palavras eram filhas d'aquelle bocado de modestia que sempre conservara, por que os seus trabalhos não mereciam só applausos e palmas, eram dignos ainda de muito maiores honras — que eu não me abalanço a dizer aqui.

Finda a conversação com alguns diplomatas,

que ficaram para o comprimentar, e varios alu-
mnos do Conservatorio, retirou-se o deus d'a-
quelle templo, aberto aos devotos do adianta-
mento e propagação d'essa luz vivificadora e bri-
lhante que no nosso mundo racional se chama
— instrucção dos povos menos protegidos de for-
tuna, e bons mestres.

## XI

Procedendo-se pouco depois a novas eleições,
em varios districtos do continente e ilhas adja-
centes, foi Garrett eleito novamente deputado por
um dos circulos d'Angra do Heroismo, por Lis-
boa e Vianna do Castello. Sabendo isto o poeta,
ainda se enthusiasmou mais com o seu curso, a
que continuavam a presidir as mais illustres no-
tabilidades da côrte, e um numero consideravel
de estudantes de muitas esperanças que ali con-

corriam nos diás determinados. D'envolta com estes grandes serviços em proveito da patria, começou é acabou o poeta uma tarefa que só era digna de si e da sua penna robusta e cuidadosa.

Foi o seu elegante dramazinho em tres pequenos actos, cuja acção se passa na epoca da exaltação geral dos mais leaes portuguezes em 1640. O drama é formado sobre a restauração dos nossos torrões patrios, das garras dos castelhanos que havia tanto, que nos pisavam sobre a terra que nos pertencia. Pinta-se ali com côres inalteraveis o caracter immutavel e resoluto de *D. Philippa dè Vilhena,* cujo titulo pôz o poeta no frontispicio d'aquelle rasgo admiravel da historia portugueza. Aquella scena em que Philippa estende o braço austero para seus filhinhos tenros empunhando a espada defensora, e os manda luctar até morrer pela independencia da patria, não é só uma obra cinzelada por um historiador attilado, mas tambem um quadro soberbo d'um pintor que despertaria certamente a inveja no proprio Rubens.

Como o poeta traça um drama sobre o pequeno mas excellente relampago historico! Que sympathicos caracteres, os dos personagens que elle apartóu para a magnifica peça! E como é cor-

rente e portugueza aquella linguagem que bocca d'algumas figuras!

Este bonito drama escreveu-o e samente para ser decorado reção, por alguns alumnos do servatorio, escolhidos por

De tal forma os inflou de orgulho pelas palavras daram em pouco tempo os que se podia desejar.

Annunciado pouco tempo ral, e convidadas as mais Lisboa, e os principaes gueza, chamou Garrett os entrar em mais um ensaio nhassem como era necessario tão intelligentes e de não cabia em si de e felicidade com que os vam as imagens que dramaturgo!

Chegou finalmente a presentação! Entre o poeta convidára, delissimas, d'onde provações mais rente e portugueza aquella linguagem que põe na bocca d'algumas figuras!

, Este bonito drama escreveu-o o auctor expressamente para ser decorado' debaixo da sua direcção, por alguns alumnos de declamação do Conservatorio, escolhidos por elle.

, De tal forma os influiu n'este poncto, que cheios de orgulho pelas palavras que lhe ouviram, estudaram em pouco tempo os seus papeis o melhor que se podia desejar.

,, Annunciado pouco tempo depois o ensaio geral, e convidadas as mais distinctas familias de Lisboa, e os principaes lidadores da scena portugueza, chamou Garrett os seus discipulos, e fel-os entrar em mais um ensaio para que o desempenhassem como era necessario diante de pessoas tão intelligentes e de tão apurado gosto. O poeta não cabia em si de contente vendo a boa ordem e felicidade com que os novos actores lhe animavam as imagens que esculpturara com o cinzel de dramathurgo!,

. Chegou finalmente a hora marcada para a representação! Entre os illustres espectadores, que o'poeta convidára, viam-se suas Magestades Fidelissimas, d'onde partiam a cada passo, as approvações mais animadoras, que os reaes, espectadores terminaram no fim do espectaculo; mandando aos actores alguns presentes, de grande valor, e alta consideração.

Garrett, no fim, mostrou-se penhoradissimo ás Reaes Personagens que ahi se achavam, e a todas as pessoas que se dignaram acceitar o convite para a estréa dos seus alumnos.

Foi uma festa explendida aquella representação, da bella composição dramatica do sympathico chronista mór do Reino! Foi um acto: grandioso, como ainda se não tinha presenciado em Lisboa.

Decorrido mais de meio, o anno de 1840, e reabertas as camaras, recomeçou Garrett as suas discussões renitentes e calorosas, a favor da reforma da instrucção e administração publica; debates em que colheu os maduros fructós que muitos deputados precedentes em vão tentaram empolgar para se ornarem a si e aos seus aduladores. Garrett colheu-os, mas não os foi cingir em nenhuma fronte que não a sua, porque a ninguem tinha que os agradecer senão ás suas opiniões verdadeiras e sans, que alcançavam sempre a victoria. Os tentames de *Jonio Duriense* (1)

(1) Anagramma que Garrett usou na infancia.

quasi que se podiam ·dizer ·sempre · inteiras exe-
cuções, porque formava-os sobre as suas convic-.
ções inquestionaveis, e não se ·dobrava ante quei-⌐
madores d'incenso,· e .hypocritas!. Dizia diante de
todos aquelles que pretendiam ·guial-o á estrada·
pedregosa,. ·que ·era homem de· si mesmo,· e de·
mais ninguem, que havia de dizer o· que lhe man⌐
dava o coração, e que não se curvaria jamais .a
negociantes de consciencias, em que lhe custasse .
a vida ou os logares que os poderes publicos lhe ·
mandavam .occupar. .Dizia-o e ·provou-o mais d'u-. ·
ma vez. A instrucção, e a administração publi-.
cas,· eram agora o seu pensamento continuo · e in-
quebrantavel.· 'Ninguem como· elle até'li,· soubera·
entrar · n'este assumpto· de tanto interesse para
Portugal, e que jasia desde muitos annos abraça-. ·
do a um' systema pêco e maneta, que só servira, ·
para gastar sommas · consideraveis ·aos governos ..
que,'não podiam com tamanho carregamento. Por ·
isso, ·o poeta· gritava com· todo o vigor dos ·seus .,·
pulmões contra a vergonhosa ·pequice dos gover- ·
nantes que deixavam andar aleijados estes dois ·
ramos de necessidade essencial. E aos brados re- ·
tumbantes e crenças. firmes do poeta, nenhum de-
putado ousava fazer opposição, porque todos sa-
biam que tinham· as forças cuidadosamente ·fecha-

das'na'mão d'elle; e portanto, era tão certo cairem fulminados em terra, como a elle o completo. e verdadeiro. triumpho! ·

»No parlamento de 1841 tinha forçosamente de se discutir uma grave e muito seria questão, com o governo da nossa visinha Hespanha: e era, que, não tendo o gabinete portuguez, dado o necessario desenvolvimento ao tractado que ella nos tinha apresentado, para a livre e franca navegação, nas agoas das duas nações da peninsula, por causa das altas barreiras que Portugal encontrara a transpôr para levar ao termo essa convenção, a nossa fanfarrona visinha, começou a soltar tão aterradoras murmurações contra o gabinete de Lisboa que estimulou fortemente o nosso governo, obrigando-o a pôr-se de prevenção para arremetter com ella a toda a força, e fasel-a silenciar com gente armada que mandou preparar para guardar as fronteiras. Portugal erguia-se ameaçador, e gritava contra a ousadia dos visinhos d'aquem Pyrenneos, mas o ministerio tremia, e as tropas recuavam por serem tão diminutas á vista dos seus inimigos—e o povo andava offegante, embaraçado e cheio de terrores. ·

Garrett era ministerial; e olhando attento e firme do alto da sua tribuna, para esses primei-

ros fumos revoluciónarios; conheceu então intei-
ra e profundamente á medonha crisé em que se
abalançava o ministerio — fumos produsidos pèlo
fogo hespanhol, e assoprados pelos ventos portu-
guezes, que apesar de brandos, foram sempre
atrevidos,—e não querendo baquear vergonhosà-
mente juncto com seus socios imbelles, recebendo
uma nodoa indélevel em sua fronte respeitada, e
ainda maior mancba na reputação já lóngamente
conhecida e apregoada, abandonou o seù lugar
d'oràdor do centro; e quando nos primeiros dias
de Julho se organisou o gabinete, passou para os
bancos dà opposição, seguido do pesar roedor
d'aquelles que havia defendido sempre com a
mais viva inergia d'alma e coração.
Não sabemos o que havemos de pensar sobre
este tão estranho procedimento do illustre depu-
tado; mas estamos firmemente convencidos que
não practicou tal acto, sem pensar n'elle madu-
ramente, é esquadrinhar com attenção, todas as
faces dos motivos que o levaram a tal commetti-
mento. O ministerio rugiu então terrivel é amea-
çador contra a resolução do poeta que o tinha
salvado por tantas vezes de cair n'um pégo, ca-
vado pela pequenez e fraqueza, que sentia para
guiar a nau da nação sobre as ondas encapela-

das da phalange oppositoria; mas Garrett conti-
nuou a orar da esquerda, sem recolher os olha-
res desdenhosos dos seus antigos rodeadores, que
d'antes lhe fabricavam arcos trimphaes e lhe ata-
petavam as aras com flores de aroma artificial,
que eram sorrisos hypocritas, e palavras lison-
geiras, como aquellas que o cavalheiro d'indus-
tria costuma dirigir, aos homens que desconhe-
cendo o que seja caridade, abrem a bolça e aca-
tam com sorrisos os apostolos da adulação.

Pouco depois d'este acontecimento desconsola-
dor, a 15 de Julho do mesmo anno, effectuou-se
entre os tempestuosos debates d'uma assemblea
enorme, a gravissima discussão da lei da decima;
e tendo o ministro da fazenda offendido impia-
mente Almeida Garrett, este ergueu-se cheio d'in-
dignação, e pedindo a palavra em defeza dos seus
direitos de bom cidadão, proferiu um discurso
tão eloquente e caloroso, em que queimado pelo
fogo da imaginação e pelo sentimento de ser ata-
cado tanto á queima-roupa, chegou a perder o
metal de voz que sempre fisera eccoar n'aquelle
edificio, gerador d'inimisades entre os homens que
se deviam amar e viver em commum accordo —
salvas as necessidades dos povos d'uma nação.
Tal foi a exaltação e arrebatamento com que elle

se ergueu para refutar as ideias, tornar de ne-
nhúm effeito as arguições,,e condemnar os ter-
mos pouco decorosos que lhe dirigira o seu com-
petidor, e as grosserias que baforara em seu de-
sabono. Aquellas inergicas palavras de Garrett,
vibradas com a sanha virtiginosa e potente do ho-
mem que se sente offendido no seu amor proprio,
pareciam recolhidas d'outra escola que não a do
grande poeta, e moduladas por entre a contrac-
ção indomita d'outros labios, que não estivessem
affeitos como os d'elle, a sentir o peso dos audi-
ctorios suspensos e commovidos.

Este discurso de vasta eloquencia, extrema-se
de todos os mais que proferiu o mesmo orador,
em todo o decorrer da sua carreira politica, em
forma, estylo e extensões; e o que é ainda mais
digno de ser mencionado, são aquellas imagens
tão extremamente vivas e nuas que nenhum ora-
dor ousara apresentar com resultados tão felizes
como os que grangearam estas ante os olhos dos
homens que sabem abraçar o bom, e affastar-se
do infimo, vil e indigno. A grande caterva de es-
pectadores que presidia a este tremendo rasgo
oral, olhava-o admirada e silenciosa, e encarava-se
mutuamente, mas não fazia a mais leve gesticu-
lação nem articulava o mais singello som que a

lingua pudesse fazer, ouvir.. Os seus antigos satellites, esses,...ios seus passados derramadores d'insenso;é. quei o. encaravam com odio e rancor; esses que nos debates anteriores o applaudiam e admiravam, porque inda, era ministerial e os arrancava das situações em que semenredavam, d'onde sem elle lhes seria tão difficil a saida, como ao lobo que caiu no fogo e sente o pescoço entre o forcado dos monteiros; eram os que agora lhe atropelavam impiamente, as virtudes que lhe tinham mettido nos seios do coração que confessavam adorar submissos e reverentes. Mas o offendido orador, nunca quebrara o vaso das suas convicções á voz da calumnia nem estremecera, aos olhares odiosos que vira relusir tantas vezes diante de si.

No dia que se seguiu a este notavel acontecimento parlamentar, foi Garrett exonerado por vingança, do lugar de presidente do Conservatorio Real de Lisboa, de chronista-Mór, e tambem da inspectoria geral dos theatros, e espectaculos nacionaes. Rebello da Silva, fallando algures d'este rapido momento da vida de Garrett, diz: «Infelizmente ia quasi no começo a obra da regeneração do theatro, quando lh'a arrancaram das mãos, e a torceram, e a desviaram do seu progresso.»

Effectivamente o incansavel escriptor mettera mãos a essa grandé empreza, jurando arrostar com todas as difficuldades que topasse no caminho; para lhe dar um fim coroado com os glorigosos auspicios que merecia o assumpto. Este golpe de vingança insultadora brandido tão injusta e precipitadamente pelo ministro sobre o eloquente orador, que era culpado apenas de dizer a verdade, e condemnar os abusos que viá em acção e de defensor dos direitos que a lei lhe fornecia, nada o pôde ferir porque o que disserà estava dicto, e as idejas que apresentara estavam unanimemente sanccionadas pela maioria; onde virà incluidos alguns que eram seus antagonistas: E quando os nossos inimigos se movem a nosso favor em casos tão melindrosos como estes, temos certa uma victoria complecta. O poeta recebeu o officio que o exonerava dos seus cargos, com os labios forrados com aquelle sorriso ironico tão seu conhecido, que tão sublimemente empregava sobre aquelles, juncto de quem provava o gosto agroso dos grandes desappontamentos humanos, — e soltando despreoccupado e firme uma retumbante gargalhada, disse para as pessoas que eram com elle, e prisidiram a este acto, que para outro fôra o mesmo que sugar o fado da

suprema humilhação: —*Esperemos*! E volvendo
á sua habitação seguido d'alguns 'amigos; e all-
mentando ainda o sorrir de Democrito disfarça-
do, recostou-se commoda e fleugmaticamente na
sua cadeira de escriptor que era juncto da secre-
taria. Empuñhou aquella 'penna robusta, que era
capaz de abalar os alicerces do mundo e fazel-o
girar sobre novos carris; e mediu com ella um ca-
derno de papel! Os que o viram proceder assim
julgaram, o que era naturalissimo, que os aconte-
cimentos recentes lhe haviam inspirado um novo
livro em que desse conta no seu estyllo desata-
viado e corrente, das chagas mais hediondas d'al-
guns regedores da patria; porém as ideias dos
que naturalmente assim pensaram, foram pouco
depois abafadas com documentos magnificamente
elaborados pelo punho do proprio Garrett. Fi-
cando só curvado sobre o seu thesouro de litte-
ratura,, tossiu, molhou a penna, e arremessando
longe de si o véu do sarcasmo que se lhe rarefa-
sia no rosto, deixou sair do coração uma d'aquel-
las lufadas de aborrecimento que trazem sempre
apoz a maviosa quietação do espirito, e transfor-
mam 'a sanha irritada do homem, na imagem
mansa do cordeiro.

Depois caiu em profunda meditação e silencio.

como; quem espera. o ;ecco d'uma;voz celeste a
que deseja prender uma acção da terra! . ʝ,
.; Feliz do homem, que recebe o grande choque
da prepotencia, e ;.acommette as maiores vicis-
situdes, com o animo sobrenatural; que Garrett
guardava sempre n'aquelle peito, vigoroso ! Feliz;
digo, porque não dava guarida a odios, nem abo-
minava os seus mais feros detractores e envejo-
sos. Feliz, se hoje. livre das torpezas humanas,
repousa ;entre gallas, na celeste mansão dos jus-
tos que tantas vezes evocou!! E o poeta me-
ditava. De repente, como a locomotiva que, co-
meça a tomar a força motriz,, ouviu-se rugir aquel-
la machina potente, que atropelava tudo que in-
discreto lhe, tomava ;a passagem, e os seus ran-
gidos annunciavam a partida d'aquelle robusto,
pensamento para um novo clima, onde, tinha a
colher um ramo de louros que havia de florir,
ainda aos bafejos das gerações vindouras. .; .
.; Era mais um vaso de superior argilla, habita-
do por uma flor olorosa, que ia depor em cima
dos ,alegretes do seu formoso jardim theatral !
Uma obra cheia de riquezas litterarias ! Mas que
obra poderia produzir aquelle cerebro tão forte-
mente motejado pelos recentes debates parlamen-
tares, que fizeram paralisar o sangue e adorme-

ALMEIDA GARRETT                                    13

cer a.lingua-a tantos oradores d'algum merito?
Que força podia restar ao homem que estiver duas
horas dominando. a grande chusma de *salvadores*
da nação?. Que póderia parir uma imaginação
que ;tanto juctara na vespera contra os medalhões
do paiz? Podia muito, porque era como os po-
mos.do bem e. do mal da arvore,feminina, que
quanto mais se lhes tira, mais produzem. Era, se
não a melhor, uma das suas concepções mais fe-
lizes e dignas da estante que guarda as melhores
composições dramaticas; o *Alfageme de Santarem*,
ou a *Espáda do Condestavel*, drama em cinco
actos, que o poeta trasia impresso na mente ha-
via bons dois annos, e ligeiramente delineado n'al-
guns papeis dispersos, que n'essa occasião não
se deu ao encommodo de consultar.

Este drama está sublimemente desenvolvido á
luz d'aquelle relampago fulgente da historia por-
tugueza desde a morte de D. Fernando, e du-
rante a regencia da rainha D. Leonor, amante do
gallego João Fernandes Andeiro até á acclama-
ção do Mestre d'Aviz. O poeta firma a peça so-
bre aquella celebre anedocta, da espada que D.
Nuno Alvares herdara de seu pae D. Alvaro Paes,
nobre prior do Crato: Nuno Alvares, então fron-
teiro-mór do Alemtejo e protector do Mestre d'Aviz

para o assassinato [ilegível]
ta ali um bello papel [ilegível]
pela virtuosa Alda, e com [ilegível]
acclamar o filho legitimo de Pedro [ilegível]
descreve n'este drama [ilegível]
rio, os costumes mais [ilegível]
populares, suas creações e [ilegível]
estrangeiros, assim como [ilegível]
preparavam já para talar de [ilegível]
pós d'Aljubarrota. Aquellas [ilegível]
ma, o Alfageme e o velho [ilegível]
quem chamavam o S. Gonçalo dos [ilegível]
Santarem, são quasi [ilegível].

Aquella Alda, suas paixões e [ilegível]
tes, suas confissões sinceras e um [ilegível]
virtuoso, parece-me que [ilegível]
lhor.

Para fazer uma descripção exacta e [ilegível]
d'estes cinco actos sublimes precisava [ilegível]
penna que não tremesse como a [ilegível]
so contentem-se os leitores com o [ilegível]
que ahi fica.

Este ramo de louros verdejantes [ilegível]
ajunctaram, á já brilhantíssima [ilegível]
nerador do theatro portuguez, [ilegível]
mente no alijeitarado [ilegível]

para o assassinato do valido da rainha; representa, ali um bello papel com o seu amor sincero pela virtuosa Alda, e com a lembrança de fazer acclamar o filho legitimo de Pedro Cru. Garrett descreve n'este drama de subido merito litterario, os costumes mais enraisados nos animos populares, suas crenças e opiniões, seus odios aos estrangeiros, assim como dos guerreiros que se preparavam já para talar de Castelhanos os campos d'Aljubarrota. Aquellas duas imagens do drama, o Alfageme e o velho sacerdote Froylão, a quem chamavam o S. *Gonçalo das raparigas de Santarem*, são quasi inimitaveis.

Aquella Alda, suas paixões e palavras innocentes, suas confissões sinceras e seu amor franco e virtuoso, parece-me que ninguem a animaria melhor.

Para fazer uma descripção exacta e minuciosa d'estes cinco actos sublimes, percisava-se d'uma penna que não tremesse como a minha, e por isso contentem-se os leitores com o breve esboço que ahi fica.

Este ramo de louros verdejantes, que logo se ajunctaram, á já brilhantissima auréola do regenerador do theatro portuguez, floresceu immensamente no alquebrado theatro da rua dos Condes, sob a protecção do conde de Farrobo, mas o cartaz que annunciava o espectaculo, não dizia o nome do auctor, por que era esse o tempo em que todos o admiravam no parlamento, e Garrett não queria descer do alto da tribuna ao proscenio theatral. A primeira representação foi na noite de 9 de Março de 1842, entre ávidas exclamações d'enthusiasmo d'uma platea escolhida que chamava o auctor no fim de todos os actos com delirio immenso, mas Garrett não apparecia; e os espectadores voltavam ao theatro nas seguintes representações, para conhecer o escriptor que os diliciava com palavras tão sympathicas.

Pouco tempo antes de gosar a vaidosa Lisboa, as meigas palavras que o poeta mandava proferir pelos melhores lidadores do theatro, no encanecido pardieiro, foi Portugal despertado pelo annuncio d'um acontecimento que fez estremecer muitos portuguezes! Foi o grito d'alarma que rebentou na cidade invicta no dia 27 de Janeiro de 1942, — grito que eccoou retumbante e medonho nos ouvidos dos homens que se viam na necessidade de o abafar pela prudencia ou pela força.

Garrett foi eleito deputado pela capital n'es-

se anno, e deixando em descanso os seus la-
vores litterarios, foi assentar-se na camara
que estava então em vasante de deputados
que deviam occupar os bancos para onde elle ha-
via passado quando se viu desamparado pelo
grupo ministerial, que tremia da louca ameaça
madrilena.

«Esses nossos honrados companheiros
«De tanta cicatriz ennobrecidos,
«Que a espada tantas vezes empunharam,
«Tanto sangue verteram por seguir-nos,
«Por defender da patria a sancta causa ;
«De suas vidas, acaso a mesma patria,
«Não nos confiou a nós, cuidado e guarda?»

(GARRETT.—*Catão*)

## XII

A morte prematura e sentidissima que assombrou por esse tempo a vida do grande patriota, o conselheiro Antonio Manuel Lopes Vieira de Castro, muito digno abbade da parochia de S. Clemente de Basto, com quem Garrett percorrera as primeiras paginas academicas em Coimbra, e partilhara as amarguras do desterro em Inglaterra, durante a emigração de 1828, veio-lhe pungir dolorosamente o coração d'amigo, e forne-

cer-lhe ao mesmo tempo um sublime assumpto
para engrandecer mais os ricos annaes da nossa
litteratura, contando a historia politico-eclesias-
tica do talentoso ministro d'estado e da egreja
catholica. Guiado pela saudade cortante do ami-
go que deixara d'existir, lançou de novo mão da
penna, já, quasi adormecida, e compoz em senti-
das phrases uma *memoria-historica* em que lhe
immortalisou aquelle nome, tão avidamente e
saudosamente, coado por entre os labios de to-
dos os homens que amavam do coração, os prin-
cipios liberaes, e os sacerdotes possuidores das
grandes virtudes que elle mostrara em todos os
cargos tanto publicos como ecclesiasticos, e até
empunhando a espingarda de voluntario, firme e
animoso, e marchando sobre as forças do usur-
pador que o arrancara da sua abbadia para o atirar
ás provanças do exilio açodado pelos seus infa-
mes-sectarios.

Este sumptuoso monumento erecto pelo nosso
poeta ao virtuoso pastor de S. Clemente, foi im-
presso pela primeira vez em 1842, n'um folbeto
ornado com o retracto de Vieira de Castro, e saiu
ultimamente reimpresso a par 'd'outras' bio-
graphias no volume dos *Discursos-parlamenta-
res*.

Estando as camaras do parlamento d'este anno, ainda friamente organisadas, e não havendo discussões de maior gravidade, recolheu-se Garrett temporariamente á estreita solidão domestica, e começou a escrever nas margens dos seus livros impressos que os prélos já requeriam, as emendas que lhe segredava a consciencia, que deviam substituir alguns rebentões, que as muito serias occupações lhe haviam deixado passar desapercebidamente, e ao mesmo tempo filhas da ligeiresa com que sempre apromptava os seus originaes.

Entre as muitas e escrupulosas correcções que fez nos seus livros melhores, avultam as da diliciosa epopêa Camões em que sempre se esmerou com muito mais attenção e que se imprimiu pela terceira vez em 1844. Com estes e outros affazeres levou o poeta alguns mezes, e apenas os interrompia por curtos intervallos, quando haviam a tractar negocios mais graves, ou se achava aborrecido. Nos principios de Março de 1842, havia sido o poeta nomeado membro da commissão organisada em Lisboa para tractar os negocios com a Sancta Sé, mas parece-me que não pôde fazer parte d'ella nem protegel-a por essa occasião, em consequencia de ter soffrido por es-

se tempo uma queda perigosa que o obrigou a con-
servar-se alguns mezes em sua casa, por manda-
do dos facultativos que o visitavam repetidas ve-
zes no decorrer d'essa longa reclusão.

Este incidente infortunoso do poeta não pun-
giu menos os seus amigos, e mesmo os mais af-
fastados que buscavam o seu domicilio, que es-
tava sempre aberto para receber os corações ge-
nerosos e todos aquelles que o procuravam.

N'esta solidão forçada pôde Garrett conhecer
mais a fundo as grandes sympathias que lhe dis-
pensavam, vendo entrar a toda a hora em casa
os seus companheiros do infortunio e da grande-
za, e alguns talentos que por modestia ou aca-
nhamento, se tinham occultado a seus olhos, e
aproveitavam aquella occasião em que ninguem
despresa quem procura animal-o, para travar re-
lações com elle, o que era uma grande honra.

A dar credito a alguns documentos que tenho
á vista, esta fatal isolação do poeta, foi de supre-
ma utilidade para a moderna litteratura theatral,
já sublimemente engrandecida por elle; porque
foi quando escreveu o seu admiravel e aberta-
mente inimitavel *Frei Luiz de Sousa*, esse drama
modêlo, essa elegia em prosa sublime, e de novo
genero, certamente a melhor que possuimos e que,

tem impressionado mais vivamente as plateas de primeira ordem, e contribuido para que vertam lagrimas copiosas os espectadores da mais inabalavel construcção.

Existe um documento do proprio Garrett, que desmente o que acabo de dizer, quanto á dacta da composição do dramá; porque diz ter tido principio, no dia 27 de Maio de 1843. Sem querer elevar-me acima de quem affirma o contrario do que explica o manuscripto do poeta, creio de preferencia n'este, porque ainda que não seja exacto, estou mais do que convencido que ninguem se transformará em Quixote para me contradizer! Este collossal monumento da litteratura moderna, este soberbo emporio de puro sentimentalismo, em que se descobre um quadro magestoso das mais arraigadas paixões humanas, leu-o o auctor em sessão do conservatorio Real, ante um grande numero de pessoas instruidas que o admiraram e applaudiram, com demonstrações de maior regosijo, e do mais puro affecto pelo homem que o creara. N'este delicioso trabalho, ainda se encontra a traducção da profunda amisade que o poeta tributou sempre ao cantor dos *Lusiadas*. Aquelle dialago da scena segunda do segundo acto, cruzado entre Maria, a filha de Magdalena de Vi-

lhena, e o honrado Telmo, velho e dedicado es-
cudeiro da antiga casa de D. João de Portugal, é
muito digno de entrar n'estas acanhadas memo-
rias. Maria contempla tres retractos que pendem
da parede, que são o de D. Sebastião, o de D.
João, primeiro marido de Magdalena, que julgan-
do-o morto, contrahe segundas nupcias com Manuel
de Souza Coutinho, de cuja ligação saiu Maria; e
o terceiro retracto é de Luiz de Camões. Maria
depois de mirar attenciosamente os tres, diz apon-
tando por fim para o do infeliz vate d'Ignez
—«Creio n'aquelle outro que ali está, aquelle teu
amigo, com quem tu andaste lá pela India, n'aquel-
la terra de prodigios e bisarrias, por onde elle ia...
como é? ah, sim... «N'uma mão sempre a espa-
da e n'outra a penna» —«Oh! (exclama Telmo
cheio de tristeza) o meu Luiz coitado! Bem lh'o
pagaram. Era um rapaz mais moço do que eu,
muito mais... e quando o vi a ultima vez... foi
no Alpendre de San Domingos em Lisboa — pare-
ce-me que o estou a ver — tão mal trajado, tão
encolhido... elle que era tão desembaraçado e ga-
lan... e então velho! velho alquebrado, — com
aquelle olho que valia por dois, mas tão sumido
e encovado já, que eu disse comigo: «Ruim terra
te comerá cedo, corpo da maior alma que deitou

Portugal!; E dei-lhe um abraço... foi o ultimo...
Elle pareceu ouvir o que me estava dizendo o
pensamento cá por dentro, e disse-me: «Adeus
Telmo! San Telmo seja commigo n'este cabo de
navegação.... que já vejo terra, amigo» — e apon-
tou para uma cova que ali se estava a abrir. —
Os frades rezavam o officio dos mortos na egre-
ja... Elle entrou para lá, e eu fui-me embora.
D'ahi a um mez, vieram dizer-me: — «Lá foi Luiz
de Camões n'um lençol para Sanct'Anna» — E
ninguem mais fallou n'elle.

—«Ninguem mais?!.. pois não leem aquelle
livro que é para dar memoria aos mais esqueci-
dos?

— «O livro sim: acceitaram-n'o como o tribu-
to d'um escravo. Estes ricos, estes grandes que
opprimem e desprezam tudo o que não são as
suas vaidades, tomaram o livro como uma coisa
que lhes fizesse um servo seu, e para honra d'el-
lés. O servo, acabada a obra, deixaram-n'o mor-
rer ao desamparo sem lhe importar com isso...
Quem sabe se folgaram? Podia pedir-lhes uma es-
mola, escusavam de se encommodar a dizer que
não.

«Está no céu (diz Maria muito enthusiasmada)
que o céu fez-se para os bons e para os infeli-

zes; para os que já cá da terra o ádvinharam!—
Este liã nos mysterios de Deus; as suas palavrãs
são de prophéta. Não te lembras do que lá: diz
do nosso rei D. Sebastião?... como havia d.elle
então morrer? Não morreu. *(Mudando de tom)*
Mas o outro, o outro... quem é este outro, Tel-
mo? Aquelle aspecto tão triste, aquella expressão
de melancholia tão profunda... aquellas barbas tão
negras e cerradas... e aquella mão que descança
na espada como quem não tem outro arrimo, nem
outro amor n'esta vida...

ͱ — «Pois tinha, oh se tinha...

ͼ — «Aquelle era D. João de Portugal, um hon-
rado fidalgo e um valente cavalleiro» — diz Ma-
nuel de Souza Coutinho entrando na occasião em
que a filha e o escudeiro, olham fascinados para
os quadros que representam os tres grandes per-
sonagens' da historia portugueza; D. Sebastião,
Camões, e D. João de Portugal! Em toda a par-
te sabia o grande Garrett erguer um brado de
gloria e saudade, ao desditoso amante de Catha-
rina d'Atbayde. Nunca via cheia a arca destina-
da a guardar a historia do sonoroso epico. Esta
obra é precedida como deixo dicto d'uma memo-
ria sobre a litteratura e estyllo que adoptou em tão
melindrosa e interessante composição, que foi li-

da na: occasião do·drama; no Conservatorio, e de-
dicada aos membros d'aquelle ·grande estabeleci-
mento. È seguida d'um honroso Juizo critico; re-
plecto de.·soberba erudição e agudos conceitos,
filho da penna firme, d'um·dos melhores prosa-·
-dores modernos, o já fallecido Luiz Augusto Re-
bello da Silva que· deixou orphão tão cedo um
explendido logar no campo da nossa litteratura.·
·Para se poder avaliar o grande merito d'este *jui-
so r.critico*, basta. dizer-se que é do immortal au-
ctor da *Mocidade de·D. João V*, do *Odio velho não
cança*, e de tantas obras que são o orgulho da
terra que possue ainda. quasi inteiro o cerebro
d'onde ellas emanaram. Diz-se que este formoso
trabalho dramathico, não era destinado ao theatro,
mas :pedindo-o uma familia illustre para ser re-
presentado, e cedendo o poeta a esses desejos
representou-se por uma sociedade composta de
·pessoas credoras de subida consideração, e cos-
tumes irreprehensiveis, na quinta do Pinheiro na
·noite de quatro de Julho de 1843. Por este tem-
po apromptou o poeta. um volume de versos ly-
·ricos .que se intitula: *Flores sem fructo*, que a
casa Bertrand·deu á luz em 1845. No mesmo an-
no saiu a lume no segundo volume das *Memorias
do. Conservatorio,* o excellente *Elogio historico* do

barão de Ribeira de Sabrosa, que foi recitado pelo auctor; em sessão plena d'aquelle estabelecimento de suprema utilidade para a mocidade que ama o estudo. É um pequeno discurso, mas concebido n'um estylo primoroso, e cheio de tão riquissimos pensamentos, que o tornam mais valioso do que os monstruosos volumes de certos auctores que tecem elogios em termos pomposos; mas onde as ideias, já cobertas de cans, revelam sempre a mesma coisa: isto é, se acaso alguma coisa conseguem revelar. Cá estou eu tambem metido no gremio, pobre escrevinhador, que começo a crer, que escrever uma biographia com todos os *r. r.* é tão espinhoso como levar o rio Rhodano ao ultimo extremo da serra Guadarrama! Seguir os passos d'um homem, contar-lhe as pégadas e assentar n'um bocado de papel todos os seus gestos, e palavras que proferiu, e os apertos de mão que deu, pode-o fazer quem for espião; como os ha por ahi em abundancia, mas um pobre diabo, que está como eu, entre quatro boiões de rapé, não sei quantos centos de charutos, meia dusia de fumadores e umas dusias de caixas de fosforos á José Osti, é fraco de mais para tentar tamanhas empresas. Mas vamos lá que com todos estes senões, vou levando, ainda que muito

ajoujado, o fardo a que expuzas minhas debeis costas, á estação onde ajustei atiral-o de mim. E si
Mas voltemos a engauchar o carroção que pisa
lentamente o cascalhoso destio que a minha mania litteraria me apontou. Depois do volume das
*Flores sem Fructo*, publicou-se o primeiro volume do bello *Romanceiro* do poeta, contendo chacaras, trovas, lendas e soláos. Menos preoccupado,
entre os annos 1843-1844, começou a saccudir a
poeira a umas chronicas, que já i começára a desenpoeirar em 1832, encontradas no convento
dos Grillos no Porto, onde estivéra alojado o seu
batalhão durante o cêrco; e depois d'esta operação copiou os caractéres que o tempo ainda conservava intactos, refundio-os e mettendo no lambique das suas investigações, os fragmentos que
estavam apagados, começou a purifical-os com a
attenciosa solicitude que empregava em todos os
seus trabalhos. Alguns dias de trabalho, e a chronica safada e amárellada, produsiu um espirito
que fez espirrar ruidosamente muitos individuos,
e com espécialidade o clero, que rugiu como o
tigre que se topa ferido mortalmente pelo caçador de feras sertanejas, e fúgiu com horror da
hediondez das imagens que o poeta principiara a
desenhar a traços ligeiros mas indeleveis! D'esta

velha, chronica—romance,e narração critica, do
tempo de Pedro Cru, ou mais propriamente Jus-
ticeiro, foi que Garrett arrancou os dois volumes
do de Arco de Sanct'Anna, cujas scenas d'aber-
tura correm nas proximidades d'esse arco memo-
ravel da rainha do Douro, que foi complectamen-
te derruido ha bom par de annos.

O primeiro volume d'ésta obra saiu dos prelos
no principio de 1845, quando o poeta ainda não
possuia, senão ligeiros apontamentos para o se-
gundo, que devia concluir a confissão da chroni-
ca encanecida pelo correr dos annos.

O extenso e profundo prologo que precede es-
te primeiro volume, foi um verdadeiro foguete de
granhadas, que sóbe rugidor aos ares, cujas bom-
bas descendo rapidas e fumegantes, vão estourar
entre a gentalha, dispersando-a, e fazendo-a indi-
gnar contra o fogueteiro.

Os sacerdotes, — os maos, que os virtuosos
aparta-os o poeta para outro lote — os sacerdo-
tes são ali horrivelmente mordidos, e asperamen-
te torturados entre algumas paginas de ferro que
se occultam no pequeno livro

Molesta sem commiseração com o bico da pen-
na aparada, mais algumas corporações sociaes,
que lhe assiravam a imaginação nos tempos cala-

mitosos em queɪɪelle extrahia. essas ·palavras do
codice fradesco,ʻ cheio naturalmente; de emplas-
tros latinos escriptos por algum fradalhão luʻʻ
bricó, sensual eʻ depravado, queɪpresenciou, ou
teve parte nos banquetes luxuriosos do bispo do
Porto; o infame seductor da ·filha de Abrahão Za-
cutto, o bemfeitor que o agasalhara em casa: es-
sa desgraçada mulher, mãe do filho do bispo, que
a·vergonha obrigou a disfarçar-se em taberneira, e
que o povo começou a cognominar. *bruxa de
Gaia* Esse sacerdote empregnado de infamiaɪe
perversidade,ɪque manchou tantas virgens ajuda-
do dos seus indignos acolytos, é·alfim arrancado
do seu ministerio, e rechassado do reino, pelo
rei. *Justiceiro*, que toma conhecimento da reclusão
em que teve a infeliz Anninhas, fiel e virtuosa es-
posa de Affonso de Campanhan. ·ɪɪ ɪ·ɪ .·ʻ. ɪɪɪ.
·A critica mordaz e estupida d'alguns adversa-
rios do poeta, recebeu, como se costuma ·dizer,
com cara de ·ferreiro velho, esta primeira parte
do romance, e o auctor para se desforrar d'essas
graves accusaçõesɪ como sempre fôra seu capri-
cho, tractou de copiar e recopiar o trabalho do
segundo volume;ɪ augmentando-o consideravel-
mente sobre a extensão primitiva, e mettendo-lhe
alguns trechos, que, ainda que dissimulados, são

a resposta e desaggravo das injustiças que commetteram com elle. Depois d'uma breve advertencia em que se declara os motivos que haviam retido aquelle trabalho na alfandega da sua jurisdicção sem prompto despacho, abre o primeiro capitulo, desfechando com estas palavras nas bochechas do leitor descuidado.

«Dez annos esteve Cervantes para trasladar e por em ordem, os manuscriptos de Cid-Hamet-ben-engéli, e dár-nos em fim, a ultima parte da historia do cavalleiro da Mancha. Eu não te fiz esperar senão cinco leitor amigo, e benevolo, por este segundo e ultimo tomo do bemditto Arco de Sanct'Anna. E tive de fazer eu tudo, eu só por minha mão, decifrar a inrevesada lettra do codice dos Grillos, que entre palavras safadas, linhas inteiras illegiveis, folhas rotas, e outras difficuldades similhantes, me deu mais que fazer do que um verdadeiro palimpsestes.

«Não tive n'este intervallo, é verdade, que não tive quem me fizesse uma segunda parte subreptícia, e calumniosa, como fiseram ao pobre Miguel Cervantes; que o obrigou a dar tantas satisfações, e a torcer até o rumo da sua historia.

«Mas criticos e censores não me faltaram, pragas e praguentos me vieram de toda a parte; e chegaram a accusar-me de Quixotismo, e que sonhei gigantes, em moinhos de vento, para ter com quem brigar, e degolei exercitos'd'innocentes cordeiros, como se foram a pugnaz mourisma d'elrei Almançor, o d'arregaçado braço.

«E tudo isto porque, leitor amigo? Porque ameacei com a ponta do azurrague d'elrei D. Pedro, 'as pretensões absurdas, e anti-evangelicas de certos agiotas do catholicismo, que abusaram da boa-fé da presente geração, e pretenderam grangear em proveito seu, e de suas pessoas o espirito mais religioso da epoca.

«Ha cinco annos chamaram-me vesionario. Que dizem hoje senhores censores? Vejam à Inglaterra, onde, á sombra do Puseismo e d'outras formas de transição e transacção, o catholicismo entrava já nas mais fortes cidadellas da fé lutherana, vejam como por lá se tem abusado, e como o governo se começa a arrepender da sua tolerancia.»

.......................

E o poeta ainda não pára aqui; continua a desafiar sem medo os seus emulos.

«Vejam em fim na nossa pequena e pobre terra, a ignorancia, a crapula, a simonia, o servilismo politico a andar deshonrando a estola e a mitra, entregando-as ao desprezo e ao odio popular.»

Quem arremette•assim com uma cohorte de> criticos como tinha Garrett por occasião de 'publicar este livro, revela mui vantajosamente, 'que em parte nenhuma os teme. Effectivamente não os temia,'porque lhes soube tómar as forças com tão bello resultado, que tódos se callaram quando elle arremessou ao mundo litterario áquelle raio, que logo os fulminou em terra. Só assim vergonhosamente caidos na terra lodacenta,' é que conheceram, e se arrependeram de ter commettido tal desacato. Garrett ficou sempre victorioso, e o livro vendeu-se em pouco tempo,' e imprimiu-se de novo para accudir ás exigencias do povo que o pedia cheio d'enthusiasmo a toda a hora.

Em Setembro de 1844 escreveu uma carta dactada da Boa-Viagem, resposta ao opusculo que lhe dirigiram dois socios do Conservatorio, assignado por N. N. Esta erudita carta do poeta,'foi impressa no mesmo opusculo, que tracta da origem da lingua portugueza. Pouco depois escreveu em Cachias, a engraçada comedia em um acto, *Noivado no Dáfundo;* e outra em dois actos intitulada *Prophecias do Bandarra.* N'esta occasião publicou-se tambem um folheto do poeta,

contendo um pequeno romancesinho antigo, inti-
tulado: *Myragia*...? Eleito depútado este anno,
bem como no antecedente, por Lisboa, d'envolta
com os seus empregos publicos e occupações poe-
tico-litterarias, emprehendeu um trabalho com
tantos espinhos que nenhum homem do seu tem-
pò, como litterato ousaria tentar! Tal era a qua-
lidade do assumpto! Os talentos que conheciam
a robustéz do poeta, e sentiam que podiam fazer
alguma coisa que não fosse muito vulgar, que
lidavam na mesma aréna, aconselharam-n'o a que
não divulgasse a ideia concebida, da ardua tare-
fa a que se propunha; porque lhe seria altamente
difficil complectal-a com a solicitude e perfeição
de que era credora a sua penna, que jamais va-
cillava entre as mais medonhas situações, mas cor-
reria sempre ligéira sobre vastissimas resmas de pa-
pel: O poeta escutou esses conselhos dos melho-
res publicistas d'então, com aquella serenidade e
crença, que affectava quando via que duvidavam
da sua vigorosa força moral e de vontade, e no
mesmo instante foi visitar os numerosos cabedaes
que já possuia para erigir o colossal monumento
litterario, que promettia obumbrar a gloria dos
seus pêcos satellites! Tão espinhoso era o assump-
to, é tão largos os barrocaes que o poéta havia

de galgar, para chegar á ermidinha solitaria que
guardava o epilogo de tão excellente emprehen-
dimento!... Esta alta empresa era a feitura do
magestoso livro das *Viagens na minha Terra*, cu-
jos raios d'intelligencia batteram de chapa nos
olhos dos invejosos censores, fazendo-os retro-
ceder no caminho que mediam para calumniar
novamente o poeta. N'esta arriscadissima jorna-
da, tinha o abalisado escriptor de levantar do im-
mundo charco do esquecimento, onde haviam pas-
sado as maiores revoluções politicas, desde Lis-
boa até á terra que guarda as ossadas de D.
Fernando, os corruptos pergaminhos que ali ja-
siam de tantos seculos, que revelavam os mais
exquisitos e variados acontecimentos, occorridos
desde o tugurio miseravel do mendigo, até aos
palacios brasonados, fazendo parte d'essa collec-
ção curiosa, as chronicas monasticas. Junctos es-
ses velhos despojos das passadas constituições so-
ciaes, e não apparecendo a chave para encerrar
essa soberba litteratura, tinha ordenado o inves-
tigador, de rapar nas grossas camadas de musgo
das pedras d'antigos monumentos, e das esqueci-
das ruinas de extinctos estabelecimentos religio-
sos e profanos; aventar as cinzas dos guerreiros
que ali haviam perecido, e descobrir os rastos de

nossas passadas grandezas, e as chronicas escrip-
tas com o sangue de nossos honrados visavóos,
e lagrimas de orphãos e viuvas desamparadas.
. Decifrados, os quasi apagados lettreiros, man-
dados abrir out'ora para ecterna memoria do que
foram os Lusos nas eras do entenebrecimento:—
entenebrecimento repito, porque ainda se não ti-
nham inventado os gazometros, e allumiava-se a
sociedade com o clarão dos fachos guerreiros, e
com o balsamo da oliveira, — atado esse feixe,
monstruoso que devia fazer gemer a machina
d'uma locomotiva, tinha ainda Garrett de lhe apa-
ras os rebentões gerados pela sua indignação,
mas considerando que desfeiaria o pedestal, não
teve animo para lhe cortar as pennas que o or-
navam, porque sem ellas, que eram representan-
tes da verdade, erguendo o vôo, estava sugeito a
descer da sua primeira altura como o balão que
desprotegido pela valvula de segurança, desce; e
desce, até descançar na terra, ou em alguma en-
seada algosa ou doce. Assim o entendeu Almei-
da Garrett, e, em logar de moderar, alterou, avi-
vou a côr das paginas que escrevera contemplan-
do as antiguidades e modernezas da Extremadu-
ra, e obrigou até em muitas passagens a musa
romantica a galgar fóra da senda que sempre tri-

lhara?' e vergar o bordão de viajante, para penetrar no seio d'essa sociedade moderna, victima da inercia dos governos, que' tapam os ouvidos quando ouvem gritar por instrucção publica !

Mirando convenientemente toda essa miseria, ignorancia e fanatismo, não pôde conservar-se ahi mais tempo, e deu por concluida a sua colheita d'apontamentos. Voltando com a imaginação á capital, e, completando estas sublimes viagens, publicou-as em pequenos fragmentos no Jornal *Revista Universal Lisbonense* em 1845; e corrigindo-as depois ainda mais, mandou-as imprimir em dois tómos, no anno seguinte, que começaram logo a ser pedidos com espantosa influencia: É que o livro das viagens não tinha rival na nossa litteratúra! E ainda hoje não o tem apesar de se terem escripto milhares de volumes! As *Viagens na minha Terra* são para mim meia litteratura: isto, para não repetir a litteratura inteira que um escriptor nosso, disse ser Almeida Garrett e com bastante razão! Que bellas recordações de viagem ! Como é maravilhosa a fleugma com que o poeta se apresenta em pé, sobre o rônceiro barco d'Ilhavos, singrando Tejo acima, para se transportar á terra da principal acção da sua comedia, drama, ou o que quer que seja esse chefe d'obra!

--Com que gestos elle contempla'do mar largo'a baixa Lisbôa, que se lhe fica apôz! Como'é en- graçada'a posição que elle toma para escutar'as rançosas altercações dos toûreiros de pampilho'e forcado, com os homens que retalham com'uma casca'de noz, quasi successivamente o rosto vi- ctreo de Neptuno, quer em calmaria'podre, quer em agitação foribunda! Como é sublime aquella discripção do *restaurant* cartachense, ei como'o auctor arregala os olhos, é estende o pescoço por cima dos arvoredos para descobrir o pinhal de Azambuja, esse mattagal'medonho, cuja tradicção tem feito desmaiar mais espiritos nervosos do que as pedras-homens do Deucalião!! Que poé- tica admiração se lhe apodera do animo, quando estaca'pasmado ante esse bosque apregoado'e te- mido com'o a Falperra tradiccional!!'A fallar a verdade, tinha sobeja razão para obrár assim, porque quando se toca em ladroeira, n'esta nos- sa terra de Portugal, é muito raro não se exclamar logo: .

—«É um verdadeiro pinhal d'Azambuja!» Como são desvairados, os olhares que assesta sobre esse frondoso covil de malfeitores e ladrões, emquanto se não ouviu ali a voz do progresso,— só d'voz, por'que'do progresso nem as sombras ainda lá appareceram—e o silvo agudo d'esse relampago ferreo, que corta serras e montes entre áquem Tejo, e áquem Douro! E as palavras com que condemna e maldiz! quem o trouxe; enganado, até ali:

—«Este é que é o pinhal d'Azambuja?: Naó póde ser... Esta; aquella antiga selva, temida quasi religiosamente como um bosque druidico. E eu que em pequeno nunca ouvia contar historias de Pedro Mallas-artes, que, logo em imaginação não lhe posesse a scena aqui perto. Eu que esperava topar a cada passo com a cova do capitão Roldão e da dama Leonarda!... Oh! que ainda me faltava perder mais esta illusão!...

«Por quantas maldições e infernos que adornam o stylo d'um verdadeiro escriptor romantico, digam-me, onde estão os arvoredos fechados, os sitios medonhos d'esta expessura? Pois istó é possivel, pois o pinhal d'Azambuja é isto? Eu que os trazia promptos e *recórtados* para os colocar aqui, todos os amaveis salteadores de Schiller e os elegantes fascinorosos *Auberg-des-adrets,* eu heide perder os meus chefes d'obra!

«Que é perdel-os isto,— não ter onde os pôr.

«Sim leitor benevolo, e por esta occasião te

vou, explicar como nós hoje em dia, fazemos a nossa litteratura.»

E aqui o poeta-romancista depois de ensinar ao leitor o systema de voltar do inverso as obras estrangeiras, e dar-lhes uma demão de verniz nacional para lhe sellar no rosto o cunho *original*, apresenta uma receita para fabricar todo o genero de litteratura com todo *su sal y pimienta* como diz o castelhano, que não ha excedel-o em tal genero.

Termino por aqui a apreciação das elegantes viagens, contentando-me em transcrever as poucas linhas que deixo acima, porque para notar tudo que ha de sublime e maravilhoso n'ellas, era necessario copiar os dois livros, porque devo confessar que não tenho vocabulos para dizer o que ellas merecem, e mesmo eu não pretendo publicar mais do que a biographia politico-litteraria do grande vulto da nossa terra, ainda que aleijada e breve. Esta obra conta hoje quatro edições, e a ultima acha-se quasi exgotada.

### III

Neste anno de 1846, escreveu o
pequena introducção a um soneto que
á Senhora da Bonança por occasião d
da capella dos srs. marquezes de
blicou n'um jornal litterario, que
capital, sob o titulo d'*Illustração*, al
entre os quaes prevaleceram, o
de *Dudley*, os *Figueiredos*, e o
poetico antigo, *Bernal Franc*

«Dissenções entre os meus semeou funestas !
. . . . . . . . . . . . . . . . . . . . . .
«C'os mais fieis dos meus, fui embuscar-me
«Detraz d'esse escarpado negro monte,
«Onde viste o fanal, que era a atalaia !...

(GARRETT.—*D. Brança)*

## XIII

N'este anno de 1846, escreveu o poeta uma
pequena introducção a um sermão que se prégou
á Senhora da Bonança por occasião da sagração
da capella dos srs. marquezes de-Vianna, e pu-
blicou n'um jornal litterario, que havia então na
capital, sob o titulo d'*Illustração*, alguns artigos,
entre os quaes prevalescem, o *Inglez*, o *Castello
de Dudley*, os *Figueiredos*, e o seu bello romance-
poetico antigo, *Bernal Françez* traduzido na lin-

gua de Lope de Vega, que está encorporado n'um volume do Romanceiro, nas suas obras complectas.

Em 1845-46, fôra o poeta eleito deputado pela provincia do Alemtejo. Durante essas gravissimas luctas militares e particulares de 46-47, que levaram a dôr ao seio dos povos, e fizeram perecer á fome tantos cidadãos honrados, emquanto centenares de homens ambiciosos e despotas engordavam á custa de suores, lagrimas e fadigas dos pobres, e sorriam hypocritamente ante os horrores da miseria ao mesmo tempo que enchiam os cofres sepultados nos escuros subterraneos, mostroù o nosso Garrett mais uma vez quanto amor tributava á Soberana e á causa da liberdade que perigava entre tamanhas calamidades, envolta em tanto sangue que corria em quasi todos os ponctos do reino; e tão abundante e denegrido entre cadáveres amassados e cráneos despedaçados pelas cavallarias em Torres Vedras e Alto do Vizo; já com vehementes discursos em varias associações como na do Sacramento e outras da mesma indole; já redigindo sabiamente algumas proclamações a favor da rainha e contra os inimigos do reino; para infundir mais amor pela liberdade a seus antigos apostolos, que eram aliciados por aquelles que erguiam gritos de mor-

ral a D. Maria Segunda; já [...] guns homens de coração que [...] Portugal, para dar fim ás [...] que deixavam tantas familias [...] 22, e levavam a [...] paes. Sem se mostrar nas [...] luctas, trabalhou mais o [...] muitos que rescaldaram [...] bate de morte com as balas [...]

. Trabalhando tão [...] nele, e nas associações, como [...] publicista, alcançou a reintegração [...] chronista-mór do Reino, d'onde [...] em 16 de Julho de 1844, [...] tive occasião de citar. Em 25 do [...] foi Garrett nomeado vogal da [...] ral encarregada de apresentar [...] cizas para a camara dos [...] substituir a que fora [...] dos principios revolucionarios [...] o paiz, e obrigaram os [...] xilio ás tres nações [...] Inglaterra. Concluida esta [...] poeta era membro, com [...] sempre em situações [...] ples responsabilidade, [...]

ALMEIDA GARRETT

ra.lita, D. Maria Segunda; já negociando com alguns homens de coração que ainda restavam á Portugal, para dar fim ás medonhas dissensões que deixavam tantas familias na extrema pobreza, e levavam a orphandade a tantos filhos e paes. Sem se mostrar nas praças envolvidó nas luctas; trabalhou mais o nobre poeta, do que muitos, que rescaldaram muitás armas em combate de morte com as balas contrarias.: . . . .

Trabalhando tão assiduamente assim no gabinète; é nás associações, como sobre a banca de publicista, alcançou a reintegração do cargo de chronista-mór do Reino; d'onde fôra demittido em 16 de Julho de 1841, pelos motivos que já tive occasião de citar. Em 27 de Maió de 1846, foi Garrett nomeado vogal da commissão eleitoral. encarregada de apresentar as instrucções percizas para a camara dos deputados que devia substituir a que fora disolvida ém consequencia dos principios revolucionariós, que amedrontaram o paiz; e obrigáram os governantes a pedir auxilio ás tres nações alliadas, Héspanha, França e Inglatérra. Concluida esta commissão de que o poeta era membro, com a reciprocidade que usou sempre em situações melindrosas e ainda de simples responsabilidade, recebeu no mez seguinte,

a nomeação de membro da commissão extraordina-
ria de Fazenda. Durante os primeiros mezes de ré-
volta que Portugal soffreu com desesperação, dei-
xou o sympathico auctor das *Viagens*, adorme-
cer novamente as suas prosas e os seus versos
que tinha começado em epochas mais tranquillas,
mas serenando-lhe, em consequencia da sua pou-
ca saude, as pesadas occupações que sempre lhe
absorviam o tempo nos ultimos mezes da revo-
lução sendo socio honorario da Academia Por-
tuense de Bellas-artes, e da Academia Philomati-
ca do Rio de Janeiro, começou a colleccionar e
a refundir os seus *Romances Cavalherescos*, pelos
quaes suspiravam os prelos, e ainda mais os ami-
gos das lettras, que liam com desmedido fervor as
suas producções.

Estes bellos lavores, filhos de profundissimas
meditações e estudos, foram entregues aos edito-
res pelos fins de 1850, isto é, o segundo volu-
me, que contem quinze ou desesseis romances,
todos, ou quasi todos precedidos de explicações
ao texto, e seguidos de notas illustradas para a
verdadeira intelligencia dos leitores. O primeiro
volume do magnifico romanceiro saíra em 1843,
comprehendendo a *Adozinda* e outras peças de
grande merecimento. Pouco depois de se impri-

mir o segundo volume, appareceu o terceiro; contendo vinte e tantas peças cheias de graça e philosophia! Parece-me que Almeida Garrett tinha escripto, ou principiado a debuxar, o quarto volume d'esta obra com a designação de *Lendas e Prophecias*, mas não consta que chegasse a concluil-a, ou que haja algum rascunho em poder dos seus herdeiros. Em 1847, — supponho que no fim — acabou de compor a sua linda comedia, em tres actos, *A Sobrinha do Marquez*, cuja occão se passa na epoca do grande Sebastião José de Carvalho e Mello, marquez de Pombal.

Esta peça começára-a o poeta em 1838, e só nove annos depois a concluiu, a pedido d'algumas pessoas a quem o assumpto interessava. D'esta comedia, poucas ou nenhumas reminiscencias me restam, e por isso valho-me d'um artigo que tenho presente, ácerca d'ella, incerto no segundo numero do jornal a *Epoca*.

Diz o artigo:

«Cada personagem exprime uma serie de factos politicos ou sociaes; e representa uma classe inteira.

«O padre Ignacio é a companhia de Jesus, não como a deducção chronologica (Attribuida a José de Seabra) a descreve, mas como o marquez de

Pombal sabia que ella era, e a não queria ter no Estado.

«D. Luiz retrata o orgulho indomavel da flor da aristocracia, que morre martyr, para salvar illeza a pureza da sua casta, e preferiu os tractos e o ceppo do algoz, á humilhação de estender a mão de parente ao plebeu nobilitado. O rei pode dar os titulos, porem, Deus, só Deus faz a nobreza.

«Estas duas olygarchias — a religiosa e a nobilitaria — estão alliadas; e são amigas em nome da perseguição commum que as abraça.

«O jesuita está prompto a ceder de tudo, menos da Companhia, com o cutello sobre a cabeça e com os suspiros de seu pae prezo e moribundo nos ouvidos, hesita ainda e responde, que tudo menos a honra; lhe pode confiscar Sebastião José de Carvalho.

«Manuel Simões pinta a classe media em toda a verdade do typo. Pela educação pertence ao passado; — crê na companhia de Jesus, lastima a sorte dos fidalgos justiçados; e duvida comsigo mesmo se aquella revolução, que lhe custou a cabeça, e fez rico e respeitado a elle, foi uma crueldade arbitraria ou um acto necessario. Pelo seu instincto de classe, estima, admira o marquez, acredita, que elle trabalhou muito pela nação; e não está na sua mão depois, deixar de tremer do seu nome. A tia Monica, da familia popular das boas velhas, com que se crearam nossos paes, e que alguns de nós ainda chegou a alcançar, nunca se desdiz. Está desenhada com a maior exactidão, e dá ao quadro a beleza de costumes e a verosimilhança que devia ter.

«Em fim, D. Marianna de Mello é uma dama que dá ares do caracter do marquez, e na escola d'elle aprendeu a soffocar o coração, para ouvir só o dever. Esta vocação agradavel, levemente ironica e d'uma elevação generosa, serve de Iriz á paz, que encerra o mutuo perdão da nobreza offendida, e do marquez decaido.

«D. Luiz não aproveita a occasião para abusar da ruina da sua casa — vê-o prostrado e estende-lhe a mão para o levantar.

«É o ideal do cavalheiro portuguez, em toda a sublimidade d'alma. Em quanto o marquez era senhor, duvidou acceitar-lhe em casamento sua sobrinha, com a liberdade, d'um pae, e a restituição de todos os bens em dote. Quando o astro cae, no ocaso, e as reprezalias vão começar, é elle proprio que propõe o pacto, e o consumma.

«Embora entrasse por muito, o amor na exce-

lencia da acção, o sentimento que venceu é mais
honroso, o mais puro que ha na vida. O mar-
quez, na hora em que as illusões se perdem, sol-
ta uma verdade, em que está toda a critica do
seu reinado: — «Ah! D. Luiz! eu não soube, não
soube fazer, nem amigos, nem inimigos!» — E
foi assim. Para firmar o poder real banhou a co-
roa no sangue da nobreza. Para proclamar a sua
preponderancia, derrubou a potencia moral da
companhia. Quebrou o braço a que se encosta-
va a monarchia, feriu a cabeça por onde ella via
e pensava desde seculos, e deu-lhe por apoio es-
sa baze movediça incerta e desconfiada — o egois-
mo burguez, — que por estreita mão chegava pa-
ra assentarem um throno em cima.

«Sem querer e sem o suppôr, Sebastião José
de Carvalho, em nome do poder absoluto, foi o
percursor da revolução politica. O que fundára
para a monarchia, quasi tudo viveu menos do
que elle; — assistiu de pé ás exequias do seu im-
perio.

«Do que estabeleceu para a burguezia, nada
se perdeu; tudo se tornou robusto, e com o tem-
po a potencia achou-se sem forças de dar bata-
lha e de vencer... aquelle poder absoluto que o
marquez julgava fazer eterno, amassando-lhe os

alicerces com o sangue do [...] padre Malagrida.

«O primeiro acto, [...] Marquez, é um modelo, [...] espectador reconhece já o [...] pela bocca de Manuel Simões. [...] tambem já traçou o retrato [...] velou o segredo d'essa infame [...] derosa, que ao mesmo tempo [...] dade pela persuasão, e a [...] cia. D. Luiz, a tia Monica, [...] Marianna e os dois caixeiros, [...] logar, estão desenhados com o [...] lam como se esperava que [...] outros, e explicam-se [...] tancias que os rodeam.

«Os dois actos seguintes, a [...] nores, e ressentem-se da tyrannia [...] se impoz a si proprio, querendo [...] curto espaço, typos e [...]

«Como estudo philosophico da [...] ção do Marquez é perfeita; como [...] ico, exactissima; como [...] exposição parece-nos [...]

alicerces com o sangue do duque d'Aveiro, e do padre Malagrida. ı. . . . . ' . . :'í':'·'

«O primeiro acto, a exposição da *Sobrinha do Marquez*, é um modêlo. Antes de apparecer, o expectador reconhece já o marquez de Pombal pela bocca de Manuel Simões; O padre Ignacio tambem já traçou o retrato da companhia, e revelou o segrêdo d'essa influencia humilde e poderosa, que ao mesmo tempo arrastava a sociedade pela persuasão; e a dominava pela obdiencia. D. Luiz, a tia Monica, Manuel Simões, D. Marianna e os dois caixeiros, cada qual em seu lugar, estão desenhados com o maior vigor, fallam como se esperava que fallassem de si e dos outros, e explicam-se mutuamente e ás circumstancias que os rodêam.

«Os dois actos seguintes, a nosso ver são inferiores, e ressentem-se da tyrannia que o auctor se impoz a si proprio, querendo encerrar em tão curto espaço, typos e acontecimentos taes.

. . . . . . . . . . . . . . . . . . . . . . . . . . . . . . . . . . .
. . . . . . . . . . . . . . . . . . . . . . . . . . . . . . . .

«Como estudo philosophico da epoca, *a Sobrinha do Marquez* é perfeita; como desenho historico, exactissima; como comedia e forma d'arte, a exposição parece-nos inimitavel: o estyllo realça, com a graça natural que é segredo da musa familiar do auctor, e muitas scenas são d'uma correcção e verdade brilhantissimas.» — O auctor do artigo conclue o seu juizo critico com estas palavras satisfatorias : «A *Sobrinha do Marquez*, se não é das primeiras, é de certo das boas obras da sua penna.»

Eu por minha parte nada posso dizer sobre isto, mas para se tomar conhecimento com os partos litterarios de Garrett, basta ler-se a primeira obra, e conhecer-se o seu brilhante engenho, para se saber o que valem as mais.

«Saudade! gosto amargo de infelizes
«Delicioso pungir d'acerbo espinho,
«. . . . . . . . . . . . . . . . . . . . . .
«O viço de meus annos se ha murchado
«Nas fadigas, no ardor cevo de Marte [1].

(GARRETT.—*Camões.*)

## XIV

Em 1848, estando o nosso estimado, drama-
turgo alguma coisa adoentado, mas com o espi-
rito socegado e tranquillo, pode escrever e dar á
imprensa mais uma obra de grande merito, e
cheia d'um sentimento tão profundo, que nos diz
sufficientemente quanto vacillava e tremia o pulso
que a traçava, e o doloroso turbilhão de pensa-
mentos tristes que habitava o cerebro que a con-
cebia.

., E o poeta tinha rasão sobeja para soffrer, cho-
rar e tremer, ante 'o papel que recebia as suas.
ideias, n'essa occasião de pungentes recordações!
Recordações dos tempos, em que não lhe era con-
cedido abrir os olhos ao despontar do dia, e fi-
ctal-os nos horisontes da sua patria, nem ver
o rosto da lua que a allumiava durante o correr
da noite: as recordações· do desterro, sob o ne-
voeiro que povoa quasi sempre a atmosphera d'Al-
bion.

Este trabalho foi a *Memoria. Historica* da Ex.<sup>ma</sup>
Sr.ª Duqueza de Palmella, D. Eugenia Francisca
Xavier Telles da Gama, de quem o poeta rece-
bera immenssissimas provas de consideração e
sympathia, em muitos soccorros que necessitara
desterrado em Inglaterra, quando esta nobre se-
nhora ali residia com seu esposo durante o go-
verno·do usurpador.

·'Este perfeitissimo trabalho honra tanto a il-
lustre finada; e a sua prole; como o grato protegi-
do que soube revelar e engrandecer'as suas san-
ctas virtudes e apreciaveis costumes. Que sau-
dade pela carinhosa protectora dos infelizes des-
terrados! Que sublime gratidão, e que angustia
pela sua dolorosa falta! Que reminiscencia dos
grandes actos, e das grandezas d'alma da carido-

235

sa protectora dos pobres; e que elogio aquella
mão profusa, que tantas vezes vira levar o con-
forto e a alegria aos que provavam o soffrimen-
to voráz da fome! Este folheto é acompanhado
do retrato da protectora do poeta, e não foi ex-
posto á venda mas foi impresso ultimamente no
já citado volume dos *Discursos*. Em 1849 escre-
veu João Baptista e imprimiu outra memoria ácer-
ca da vida e trabalhos d'um dos homens mais
notaveis do seu tempo, — José Xavier Monsinhó
da Silveira. São tambem umas bellas paginas pa-
ra a historia dos varões mais illustres do seculo
em que vivemos. Concluidos estes trabalhos e con-
tinuando outros em que tinha dado os primeiros
riscos, téve de os interromper para tractar de
promover a subscripção, para levantar o monu-
mento do imperador D. Pedro IV, o bravo sol-
dado da liberdade, que pelejara com elle, e com
elle desembarcara nas longas praias do Mindello,
sobre as cançadas tropas miguelistas, — em cuja
commissão fora incluido em 13 de Dezembro de
1850. Por este tempo era Garrett, membro ho-
norario da sociedade Archeologica Lusitana, on-
de o respeitavam como mestre, e era querido ex-
tremamente pelos socios d'aquelle estabelecimen-
to tendentes a avivar as antiguidades monumen-

táes já bastante escurecidas pela nuvem dos tempos, e com a fronte vendada por um manto de musgo espesso. Eram bons tempos ainda aquelles, em que os homens de talento se empregavam em misteres que eram proveitosos ao berço que os tinha embalado. Hoje... onde se esconderam os homens d'intelligencia extremada, os filhos das nossas soberbas academias? Onde foram arremessados os continuadores da estrada de Camões, Vieira Bocage e Garrett?

Em que fogo caiu, ou em que mar se afundou essa possante machina do pensamento humano, que transportava os grandes homens, dos campos da meiga poesia, aos da prosa, correcta e admiravel que era habitual em D. João de Lucena, e Fernão Mendes? Que maldicto golpe fulminou os maviosos poetas, e os pensadores profundos?! A morte?.... E onde estão hoje os que os ficaram representando?... Onde se envolvem agora? Nas salas, rendendo finezas ás mulheres, e inscrevendo mais desgraçadas nos annaes da prostituição? Nas reuniões clandestinas, baraţeando esse nada que nos resta da desgraçada patria? Nos cafés e bilhares, discutindo ácerca do que joga melhor as carambolas? Naturalmente... são as oocupações favoritas da maior parte dos homens que Pensam; e sabem por um estudo possivel, ou impossivel, que dois e mais dois, faz *muito bellamente* quatro!.. ... ... ... ... ... ... -i Alguns que possuimos ainda do tempo de Garett e cujas ideias ainda não soffreram o dente doi-caruncho maligno, esses, recolheram-se aos seios das suaves affabilidades familiares, e deixaram de gritar ás turbas que os apedrejavam, movidos pela fraquéza e factuidade do espirito!—adiante.

— Emi 8 de Março de 1851, saiù um decreto em que se nomeava Garrett, plenipotenciario para firmar e concluir a convenção litteraria entre Portugal e a Republica Franceza, com o plenipotenciario d'aquelle Estado Mr. Barrot, o que conseguiu levar a effeito em 12 d'Abril do mesmo anno. No fim d'esta commissão, foi Garrett declarado ministro plenipotenciario em disponibilidade, e sém vencimento d'ordenado, em consequencia de o vencer por outros cargos de que estava á testa. Em 3 de Junho foi ainda nomeado plenipotenciario de S. Magestade Fidellissima para tractar novamente das adiantadas negociações com a Sancta Sé, começadas em Março de 1842, entre Portugal e o Arcebispo de Berito, Internuncio de S. Sanctidade.

Em 25 de Junho d'este mesmo anno de 1851,

Sua Magestade, attendendo aos muitos e valiosos serviços prestados ı por este nobre e leal portuguez, como soldado no campo da honra, na \legislatúra, ı no 'ministério, no seu conselho, na diplomacia, e em outros lugares distinctos, sempre pela Sua Real Causa, houve por bem conferir-lhe o titulo de Visconde d'Almeida Garrett, por tempo de, duas vidas. O soldado da liberdade, via alfim o seu nome escripto nas paginas douradas, dos nobres vassallos d'uma rainha: que sabia premiar. ıcondigñamente. os homens que por seu vasto talento a haviam livrado das ameaças que soffrera durante o seu reinado. Lembra-me agora o dicto d'um litterato respeitavel, por occasião de sair visconde o nosso sympathico poeta—*Lá deshonraram hoje um meu amigo!.!*—Aqui é que eu nada posso resolver; se o deshonraram ou não; mas é certo no entanto, que muitas vezes se dão honras deshonrando. Não busco penetrar agora no pensamento, secreto, do homem que proferiu estas. palavras, mas lembra-me de varias coisas que Garrett disse dos 'titulares; e então na minha opinião, sustento que devia pedir outra coisa em lugar do titulo; e continuar a seguir as mesmas ideas n'esse ponto.

Tres dias depois foi o poeta nomeado membro

d'uma commissão que se formou em Lisboa, para reorganisar alguns ramos de serviço publico que haviam caido no inteiro esquecimento, em consequencia das gravissimas occupações que absorviam todos os instantes aos homens que os regiam.

. N'este mesmo dia 28 de Junho, foi encarregado de redigir os estatutos da Academia Real das Sciencias.

.: Em 23 de Setembro foi nomeado vogal effectivo do Conselho Ultramarino, e em 29 do mesmo mez e anno, agraciado com o diploma de Grande official da Legião de Honra de França. N'esta epoca era elle deputado pela provincia da Beira.

-: Entrava o anno de 1852, e o poeta-orador sempre dedicado e apaixonado pelo bom andamento dos negocios do paiz e felicidade de seus irmãos, e tributando pura e inquebrantavel amisade á Real Familia, alcançou, em 13 de Janeiro a carta regia que o nomeava Par do Reino.

.Nos principios de Março do mesmo anno appareceu um decreto que o fazia Ministro e Secretario d'Estado dos Negocios Estrangeiros, cuja graça acceitou, exercendo esse lugar honorifico com a prudencia que empregara sempre em to-

dos os encargos que tomava. Mas infelizmente, a
sua administração durou pouco tempo, porque on-
de existe a mentira e a preversidade, não podem
socegar os sentimentos nobres e a verdade.

A O nobre estadista deixou o seu lugar em 27
de Agosto do mesmo anno, parece-me que por
intrigas dos mais governantes que praticavám
loucuras, no mesmo gabinete. Digo _parece-me_ (1)
porque poucos ou nenhuns documentos possuó
para _asseverar_;—por isso quando encontrar mais
amplos esclarecimentos sobre a sua saida do ga-
binete que dirigia, direi mais alguma coisa sobre
esta interessante transicção da vida publica do
póeta.

Em 27 de Março do mesmo anno, foi Garrett
agraciado com o diploma de Gran-Cruz da Or-
dem do Brazil, e em 14 de Abril recebeu a con-
decoração de primeira classe do Nichani Iftiar da
Turquia. Decorrido pouco mais de dois mezes,
foi-lhe dado o diploma de Gran-Cruz de Leopoldo
da Belgica, e em 2 de Julho concederam-lhe o
diploma da Ordem da Estrella Pollar da Suecia

(1) Veja-se nota no fim

e Norwega. Nomeado Balio Honorario, e Gran-Cruz da Ordem Militar dó Hospital de S. João de Jerusalem, a 4 do seguinte mez.

Na terceira votação d'este anno, na Academia Real das Sciencias, foi considerado socio effectivo d'aquelle estabelecimento. E acaba aqui uma das grandes epocas de Garrett, e começa outra que deve ser a derradeira!

No dia 10 de Março do anno seguinte, 1853, foi exonerado de plenipotenciario para tractar a concordata com a Sancta Sé, de cujos trabalhos fôra encarregado pela primeira vez em 7 de Março de 1842, e continuara em 3 de Junho de 1851.

Em Maio de 1853 saiu á luz da publicidade o seu segundo volume de versos que tem por titulo, *Fabulas—Folhas Caidas.* Por esta occasião era o visconde de Almeida Garrett, presidente honorario do instituto d'Africa estabelecido em Paris, e socio do gabinete portuguez de leitura creado na cidade de Pernambuco. Na mesma epoça espalhava elle as ricas imagens do seu immenso vocabulario, para um novo livro com que tencionava provavelmente fechar a sua magnifica litteratura, que é sem duvida, uma das partes mais eloquentes e elegantes que possue a lingua

de Frei Luiz de Sousa, e Bernardo de Brito. Era
um novo genero e um novo estylo da sua penna
engenhosa, e digna de se ufanar ao tomar sem-
pre o passo aos grandes obreiros do pensamento
a quem se deviam curvar as gerações vindouras.
Os seus amigos da infancia, companheiros da
miseria e da abundancia, da baixeza e opulen-
cia litteraria, viam-n'o sempre, quando desliga-
do dos empregos que occupava desde 1820, rodea-
do de livros, debruçado e pensativo sobre as suas
producções sublimes, cujos originaes conservava
em seu poder, não nove annos como mandava
o principe dos lyricos latinos, mas alguns dias,
para curar as imagens rachiticas, com aquelle es-
crupuloso esmero, que empregava em rever os
seus escriptos, antes de os depor nas mãos dos
sabios, dos philosophos, e dos criticos imperti-
nentes, que sempre esbarraram nas investidas
que tentaram contra elle. Outras vezes, quando
o robusto lidador se alevantava da sua cadeira de
trabalho, aborrecido de tão grandes lidas, viam-
n'o logo distribuir os seus maduros conselhos
aos mancebos, que eram a seu lado, e sollicital-os
para si, dos homens, a quem os annos haviam enflo-
rado a frente com uma auréola de cans, e legado
o maximo conhecimento do coração humano com

todas as suas virtudes, miserias, bondades, vilezas, aborrecimentos, alegrias, e paixões nobres e despresiveis. E poderia caber orgulho no coração d'um homem assim, que nunca ousou dizer que se conhecia gigante? Não, porque ahi estava a sociedade para o avaliar; e se acaso assim o pensava, pensava muito bem, porque não ha melhor juiz, do que esse turbilhão confuso do mundo, cujas malhas só deixam passar aquelles que pela sua pequenhez viveram ignorados, e passaram na immensa caterva dos seus rebanhos, abraçados aos altos tacões dos vultos mais extremados.

Na mesma epoca—dizia eu—espalhava elle as ricas imagens do seu immenso vocabulario para um novo livro! Sim, escrevia um novo livro; uma historia recamada de philosophia, em que nos desdobrava diante dos olhos um dos quadros sociaes que tanto escaceiam na litteratura nacional; mas para desgraça nossa, e das nossas lettras, ficou essa pintura ainda muito longe do seu termo, porque os ultimos traços que ali se appreciam fornecem-nos uma favoravel ideia de quanto faltava dizer ao abalisado escriptor, para expor aos olhos do publico aquelle painel grandioso, que havia de offuscar a vista e a gloria dos melhores pintores do, nosso, seculo n'aquelle genero que,-elle então creava, já,fortemente alquebrado,pelos agros padecimentos que o atormentavam.

„Era .um lindo·romance .contemporaneo, cujos primeiros capitulos, correm .com auctorisação da auctor nos . sertões. do Brazil *não muito longe da Bahia,,* ao som dos. ventos que sibilavam nas copas. das . palmeiras, .dos uivos das feras. sertanejas, e do cantar sonoro do rouxinol d'America, —.o sabiá. . .. .

., Que lindo quadro, .e. que primoroso estudo! E que maga poesia pullula.n'aquellas soberbas paginas ! Que elegancia de formas, e que sublimes pensamentos. De tudo quanto hei lido.sobre costumes. brazileiros,. nada tão bello tenho ,visto como estas. poucas. paginas que nos apresenta Garrett, .n'este soberbo prologo d'um livro. Este fragmento .d'um‹ romance delicioso, que nos veio dizer .quanto seu auctor era infatigavel intitula-se *Helena.* .

. ¡O grande ·poeta, mesmo. doente como estava, envolto.n'uma mortalha de dores,atrozes, vigiado pelos facultativos e pela côrte elegante,. ainda não fechava o, numero.dos, seus livros.,

.¡E que socegado ·alguns dias aquelle cerebro ardente e fecundo,começava¡a trasbordar de poe-

sia, e o possuidor d'elle; tinha de buscar um va-
so onde entornasse essas copiosas torrentes que
deviam enviçar alguns paramos sociaes, onde não
chegára ainda o maná refrigerante de seus olhos,
o ecco da sua grande palavra, e o vibrar d'aquel-
la harpa sonora em que modulóu hynmos a
Deus e á patria, e que então já deixára de dedi-
lhar, ao sentir que a fronte lhe propendia tei-
mosa, para a dura argilla d'onde o mesmo
Deus o havia arrancado. As ultimas pincelladas
que deu no seu bello quadro da *Helena*, mos-
tra-nos snfficientemente as grandes lavas d'ima-
ginação que o abrazavam n'aquella occasião, e a
divina inspiração que sentia na alma; mas des-
graçadamente, o poeta abandonou-o n'um poncto
de tanto interesse, que temos quasi a certeza, de
que alguem o foi interromper, e tirar-lhe da mão
a palheta d'ouro que empunhava. Este romance
foi interrompido necessariamente nos fins de 1853,
epoca em que Garrett foi chamado á camara dos
Pares para defender dos tumultos oraes, essa alu-
vião de religiosas que habitava os numerosos mos-
teiros que existiam ainda n'esse tempo em Portu-
gal, — com o seu magnifico relatorio e projecto
de lei, que apresentou nas Camaras em 21 de Ja-
neiro de 1854. O poeta diz ali alto e bom som, que

devem existir esses recolhimentos para refugio e
abrigo de mulheres desamparadas e infelizes, e
educação de raparigas desprotegidas da fortuna,
e todas aquellas que, olvidando as turbulentas
paixões e os desregrados prazeres mundanos,
buscam emfim o descanço do espirito e a morte
dos sentidos, no silencio do claustro, para alcan-
çar a gloria eterna em estreita convivencia com
Deus!

Este relatorio é um fecundo ramo da eloquen-
cia do talentoso estadista, para lhe augmentar a
côroa, já tão elegante e respeitada pelos portu-
guezes e estrangeiros.

N'esta mesma sessão, apresentou o seu rico
relatorio de bases para a reforma administra-
tiva, que havia tantos annos que era assente so-
bre alicerces tão aleijados e incomprehensiveis,
que não se differençavam os superiores entre os
subordinados, senão pelos lugares em que se as-
sentavam, e pelos ordenados que venciam. Mé-
dindo o poeta essas desigualdades com o metro
recto dos seus puros sentimentos, não póde con-
ter a impetuosa lava de indignação, que lhe co-
meçou a estuar no coração, e empregou toda a
sua força moral para lhe fabricar um termo. D'es-
ta tempestade colerica, foi que saiu esse projecto

que submetteu ao exame d'uma commissão, para lhe dar o destino mais acertado. Mais alliviado n'esse tempo dos seus padecimentos, julgou que a sombra da morte o desamparava emfim; mas eram tão passageiros e inconstantes esses allivios, que pouco tempo gosou essa venturosa felicidade que havia muito tempo que não experimentava. Breve... muito breve, sentiu ranger os ossos, entre os horrores d'um soffrimento que promettia arrastal-o á sepultura! Mas aquella grande alma, aquelle espirito fecundo e inergico, possuia animo ainda para supportar por algum tempo as acerbas agonias que lhe cerceavam lentamente a existencia. Aquelle genio altivo, fadado para encaminhar seus irmãos ao eden da perfeição, onde se aprende a soffrer com resignação as tempestades da vida, ainda não se curvava ante a pavorosa nuvem que porfiava em annuvear-lhe aquelles olhos vivificantes, acabrunar-lhe a fronte egregia, e murchar-lhe aquelles labios sympathicos, onde a cordura e a bondade jamais se haviam apagado.

Entrava na senda do existir o mez de Fevereiro, e a dôr do poeta, recrudescia com indomavel tenacidade. A camara dos Pares, esperava-o com a viva anciedade, que o enfadado e ferido jogador d'esgrima; espera e implora para seu lado um austero natural de Cornwailles, para o salvar do florete: envenena do que o seu adversario lhe aponta ao sitio do coração ! A numerosa camara, esperava-o para o ouvir entrar na discussão da resposta do discurso da Corôa, em que sempre se distinguira, nas camaras anteriores, tanto, quanto era dado a um talento assim, e a uma alma que nunca se dobrára em frente dos gigantes que o tinham acommettido.

A camara contava com a protecção da sua palavra de vigor transcendental; os dias corriam rapidos, e a feral doença redobrava!

Que esperanças para o parlamento.

Chegou finalmente o dia 10 de Fevereiro de 1854. O robusto poeta, ergueu-se do seu leito d'agonias, com o firme proposito de comparecer onde o chamava mais que a propria vóz do dever, a franca e leal amisade de seus amigos e admiradores, que vendo-o tão dobrado e desfallecido, desejavam ouvil-o mais ao menos uma vez, animado pelo fogo que devia produzir n'elle a grave discussão, ácerca do estado da administração publica.

O genero da discussão não aterrava o gigantesco orador; mas a enfermidade oppor-se-ia a

que soltasse a seu modo, a palavra que interne-
cia e dominava as assembleas? Era-lhe impossi-
vel sabel-o, mas o poeta cria ainda firmemente
n'Aquelle que accende o estro do coração, faz
com Sua mão divina, grande o que nasceu pe-
queno, e amesquinha á extrema humildade, o que
sempre se vangloriou de ser altivo e potente.

N'este proposito sentou-se a escrever.

Entretanto chegava a seu lado, e abraçava-o
com o mais profundo respeito, um dos seus mais
constantes amigos; — talvez o melhor que pos-
suiu!

Talvez? Não; — era inquestionavelmente o co-
ração que lhe tributava então mais puro affecto!
Era o seu discipulo favorito, Francisco Gomes
d'Amorim; o estimado poeta dos Cantos Matuti-
nos! (1)

Junctos e unidos os dois poetas, mestre e dis-
cipulo; conversaram algum tempo, em differentes
themas litterarios e scientificos, e assumptos pu-
blicos e particulares. Amorim ainda não se resol-
vera a perguntar-lhe se tencionava ir ao parlamen-
to n'aquelle dia, e o mestre não se havia lembra-
do de lhe dizer que ia.

Ouviu-se na rua um rumor leve e fechado, que

(1) Veja-se nóta etc.

se assimilhava ao rodar d'uma carruagem, cujos cavallos se condusiam n'um galope tenteado. De repente cessou este ruido, e a rua de Sancta Isabel caiu no seu silencio primitivo. .

Amorim não prestára maior attenção ao que ia fóra; olhava compadecido para o mestre e conversava.

Garrett ergueu-se prestes da sua cadeira de pau sancto, e apoiando-se ao hombro do seu verdadeiro e leal amigo, encaminhou-se para a janella com passos pouco firmes, e vagarosos.

Era a carruagem que o devia conduzir a S. Bento, que o esperava á porta.

Amorim, olhou para o mestre com a respeitosa expressão que se deve á um pae, ou talvez com a veneração que o crente contempla uma imagem divina; e abafando no peito uma palavra que já lhe começava a mover a lingua, ficou silencioso e pensativo. Garrett comprehendia-lhe a meiga expressão dos olhos, como Luiz de Camões comprehendera as gesticulações e olhares do seu Jau fiel; e enviando-lhe um d'aquelles sorrisos maviosos e de pura confiança que tinha sempre nos labios, para aquelles com quem tractava, silenciou tambem. Tinham apenas trocado aquelle olhar commum, serenos e mudos, e os dois

pensamentos d'alma, já estavam reunidos si.

Naturalmente o discipulo perguntou áquelle olhar de sancto respeito:

—Não temes que te roubar o d fálle o alento vital?...

E traduzido o bondadoso sorriso da ria proximamente:

—Se me escacear o anima, e me dias do viver, é no poder que me ata da consciencia, e a favor da causa q fender com a dextra firmada na coragem nha patria.

Não ouso affirmal-o, mas ollando para as saudades do discipulo, o amigo por estas o coração leal do humilde Frei Luiz de Sousa, não se podia como quatro labios ccassem melhor, outro tos que não estes.

Pouco tempo depois, vando o definhado Reino.

Chegada que foi a hora do mento, começou a profecia fez isso em tão feliz instante

pensamentos d'alma, já estavam revelados entre
si) . . . . . .

Naturalmente o discipulo perguntara-lhe 'n'a-
quélle olhar de sancto respeito:

—Não temes que te redobre a doença e te
falte o alento vital?...

'E traduzido o bondadoso sorriso do mestre di-
ria proximamente:

— Se me escacear o animo, e me abreviar os
dias do viver, é no posto que me aponta o dedo
da consciencia, e a favor da causa que jurei de-
fender com a dextra firmada no evangelho da mi-
nha patria.

'. Não ouso affirmal-o, mas olhando attentamente
para as saudades do discipulo, e engrandecendo
por estas o coração leal do fecundo auctor de
*Frei Luiz de Sousa*, não se podia esperar que os
quatro labios coassem mudos, outros pensamen-
tos que não estes.

Pouco tempo depois, partiu a carruagem, le-
vando o definhado orador ao seio dos Pares do
Reino.

'. Chegada que foi a hora desejada pelo parla-
mento, começou a proferir o seu discurso; — e
fez isso em tão feliz instante, que o concluio duas

horas depois approximadamente;· entre um copio-
sissimo chuveiro de *bravos! apoiados!* e vozes de
*muito bem!!*
· Foi um delirio immenso para os ouvintes, e um
inteiro triumpho para elle.
·· Mas que pureza de ideias, e que elevados pen-
samentos verteu n'esta vehemente oração, conce-
bida por entre as dores que lhe violavam as en-
tranhas dó coração!
οͷQue valle essa volumosa miscelanea d'orações
parlamentares ao lado d'esta metropoli de pensa-
mentos que ninguem ousará combater com a pu-
ra verdade que elle empregou sempre em todas
as suas palavras, e n'esta occasião, para refutar
as asserções do ministro do reino?! Quem se atre-
verá a cortar-lhe esses largos vôos que remon-
taram ás regiões do infinito?! Quem sem o auxi-
lio d'uma nova torre de Babel, lhe poderá lançar
a mão á coroa que ganhou pelos seus talen-
tos?!·
·ͷ Quem?! Eu não sei; que o digam aquelles que sa-
bem melhor do que eu, apreciar as obras do pen-
samento humano!
·: Que magestoso aspecto não havia de ser oído
poeta doente, animado pelo fogo da paixão que o
roia, quando alcunhou d'imprudente o ministro

das justiças o lhe deslechou no peito as palavras:
—«O seu procedimento nem é seu nem catholico!!»—E como não havia tenuado aquelle fogo espirito, tão roído pelos vermes da morte! Que que assistiram a esse grande acto, relações estreitas com elle, porque felicidade de o conhecer; cedido admiral-o nos livros que grande mundo, e nos retratos que tam.

O orador foi interrompido apoiados, e bravos! dos srs. Thomar, e mais homens a esta sessão interessante, quasi exhausto de forças guma coisa, e dizem que bastante desfigurado.

Muitos que o viram aquelle discurso, o epilogo lamentares; mas Garrett n'um poncto que lhe da lhe faltava uma flor moso ramalhete parlamentar de elevado preço a

das justiças o lhe desfechou no rosto enfiado es‑
tas palavras: ·· ··· ·· ·· ( ·· ··· ·· ·· ·

— «O seu procedimento nem é constitucional
nem catholico!!»—E como não havia de estar ex-
tenuado aquelle fugaz espirito, tão fundamente
roido pelos vermes da morte! Que o digam os
que assistiram a esse grande acto, e tiveram re-
lações estreitas com elle, porque eu não tive a
felicidade de o conhecer; apenas me é agora con‑
cedido admiral-o nos livros que correm por esse
grande mundo, e nos retratos que o representam.
tam.

. O orador foi interrompido muitas vezes com
apoiados, e bravos! dos srs. condes da Taipa e de
Thomar, e mais homens publicos que presidiam
a esta sessão interessante. Garrett sentindo-se
quasi exhausto de forças encurtou o discurso al-
guma coisa, e dizem que se retirou das camaras
bastante desfigurado.

Muitos que o viram assim, disseram que era
aquelle discurso, o epilogo dos seus brados par‑
lamentares; mas Garrett ainda não tinha tocado
n'um poncto que lhe indicava a consciencia. Ain-
da lhe faltava uma flor para concluir o seu for-
moso ramalhete parlamentar. Esse ramalhete
de elevado preço atou-o finalmente na sessão da

camara dos Pares, do dia 4 de Março com o seu discurso sobre o estado d'administração. publica; e questão do Padroado...

Por esta occasião desaffrontou-se das palavras que o ministro do reino lhe dirigira com pouca propriedade; pretendendo rebaixal-o. Chamou á arena differentes ramos d'administração, e accusou de inepsia, aquelles, em cuja alçada estava remediar os abusos que se praticavam n'esses estabelecimentos.

A camara ouvia-o serena e admirada, e os governantes em quem elle descarregava as tempestuosas accusações, encaravam-n'o enfiados, sem terem animo ao menos para se olharem entre-si.

Terminou a discussão. Pouco depois sairam das côrtes duas numerosas phalanges d'homens.

Uma, sentia-se presa pelas palavras do robusto orador—robusto no moral, que no phisico era o mais imbelle de todos,—outra a dos seus adversarios, assanhada e amarella, como se quizesse tragar aquelle que lhe tomava o passo, e a supplantava na sua vergonhosa impotencia.

E findam aqui as suas luctas da palavra, e os mais empregos que alcançou dos reaes poderes.

Emmudecendo a sua lingua, só se ouviam em S. Bento uns eccos roucos e frios, que expiravam

ao tocar nas vozes do poeta que ainda hoje ali
revoam, e os saudosos carpidos da tribuna orphã,
e enfadada de muitos oradores imbelles que ali
ficaram esbracejando, e só de tempos a tempos
se via animação nas camaras, aos brados do fogo-
so José Estevão que ficou sendo o primeiro ora-
dor parlamenar do paiz.

Quando alguns homèns ali oravam, e se batiam
renhidos sem resolver o assumpto por fim, e di-
ziam sempre a mesma coisa, ouvia-se murmurar
a outros em quasi todas as camaras, em voz baixa:

*Falta aqui um Garrett !* E ainda actualmente se
repetem ao ouvido estas palavras de immorre-
doira gloria para o poecta, e de ecterno escarneo
para os vastos marinheiros do galeão do estado.

«Correi sobre estas flores desboladas.
«Lagrimas tristes minhas, orvalhaeas,
«Que a aridez 'do sepulchro as tem queimado.

(GARRETT.—Camões.)

## XV

O visconde d'Almeida Garrett, sentindo-se desfalecer dia para dia, resolveu-se então á dar o adéos sentido e fatal aos negocios do paiz, e ás frivolidades da sociedade que frequentara no decurso da sua carreira brilhante, e algumas vezes feliz.

Sepultou-se no viver solitario do Anachoreta, acompanhado pelos affagos da filha que estremecia, e do discipulo que lhe adoçava as feras agonias d'alma, e erguendo silencioso uma oração fervente‹ a Deus, aguardou tranquillo a morte.

Vulgada. desde logo esta atterradora noticia em toda a Lisboa, correram ao seu modesto domicilio, os filhos da mesma religião, os martyres das mesmas torturas, e até os seguidores d'outras doutrinas que não as suas, para lhe admirarem a resignação, e a divina inspiração que Deus lhe concedia nos poucos dias que lhe restavam.

Decorreram alguns mezes, e aquelle genio continuava a soffrer sem que Deus se apiadasse d'elle.

A morte descia rapida, feia e terrivel para empolgar aquella vida saturada d'agonias. Depois, como o corvo que vendo o caçador atrevido, remonta mais uma serra, e se vae refugiar entre as penedias, desappareceu da atmosphera onde tentava a estancia do moribundo, para o fulminar com seu alphange venenoso. Desapparecendo pois, essa realidade ou visão aerea, foram dores ainda mais horriveis, visitar o genio soffredor ao seu leito de Lazaro. E elle, já com a murchez da morte desenhada nos labios, e os pios da ave agourenta sobre seus tectos, não ousava soltar um ai, um gemido, um desespero, uma blasphemia!!

Que sancta resignação!...

-«D'espaço 'a espaço, assestava aquelles olhos embaciados pelo soffrimento ; aquelles olhos tão vivos e fulgentes outr'ora, e tão encovados então, signal sufficiente de quanto a' vida se affastava d'elle,—na cruz do Redemptor, que lhe era sempre juncto do leito da agonia, e beijando soffrego e constante, aquella imagem da divindade, e aquella historia dos atrozes padecimentos, de Christo, fazia apparecer no rosto pallido e tremulo umas ondulações, que pareciam exprimir estas palavras :

—«Pae recto e consolador!... Tu soffreste muito maiores torturas do que estas que me golpeam o coração, e passaste avante das faldas do teu erguido e pedregoso Sinay... Passaste para ensinar as gerações a soffrer com paciencia os maiores martyrios ; e os impios que te pregaram no madeiro do supplicio, adoraram-te por fim, e abraçaram phreneticos, as tuás sanctas doutrinas: —e depois da vida foi d'elles o reino da Gloria! «Eu, serei tambem amado e querido além da sepultura, não como uma divindade, mas como os martyres das paixões terrenas, que souberam como eu, supportar resignados os affrontamentos da vida.»

A seu lado era immovel, mudo e attento, como o cruzeiro do atrio velando a porta do sanctuario, o seu leal discipulo,—e fictava o triste como o filho carinhoso, que juncto do pae enfermo, sente na porta as argoladas, da orphandade; e parecia perguntar ao moribundo n'aquelle olhar, mareado de lagrimas:

—«Quem me deixas no mundo para encher o vaçuo immenso do meu coração rasgado?...» Mas o mestre do generoso poeta já não sentia forças para lhe responder a tão horrivel pergunta; e encostando-se a elle; apertava contra o peito ralado, a cruz que o filho de Deus levara aos cerros escalvados do Calvario. E o poeta das *Folhas Caidas* começava a perder aquella respiração espirituosa que expellira até li d'aquelle sacrario de poesia; e a visão da morte, que já lhe esvoaçara sobre a habitação, não voltara ainda a dar cumprimento á sua missão, e o seu parecer cortava o coração a alguns entes bondosos que o rodeavam.

Era pungente e doloroso ver esvair-se gotta a gotta aquelle balsamo precioso, com que o silencioso martyr, dulcificara tantas amarguras a seus irmãos que soffriam, — com a suavidade do anjo que Deus envia ao barathro lutulento, a depôr um osculo de perdão nos labios do impio arrependido que extrebuxa com os pulsos roxeados pelas cadeias dos remorsos. Oh! como era triste! Como puñgia a alma; ver, soluçar vacillante aquelle astro divino, ás portas do accaso já meias, abertas, para o roubar ao mundo, que chorava já a proxima extincção da sua chamma consoladora. Era, despedaçador assistir á cerração d'aquellas orbitas sobre os dois olhos murchos, como o fructo que enpequeceu beijado por um insecto peçonhento, ou varejado pela ventania que lhe torceu a haste que o prendia ao tronco. Presa aquella triste vida por um fio tão tenue, e resequido pelos sopros geladores do sul, franzida aquella fronte de poeta, onde se viram saltitar sempre as flamas inextinguiveis d'uma intelligencia superior; encolhidos os membros d'aquelle corpo tão galante no seu zenith de felicidade; abrandado o pulsar do coração esmorecido, quem lhe poderia fornecer o perdido alento? Quem poderia robustecer de novo aquella planta fertilisadora, minada então até á medula por um trado penetrante? Deus!... só Deus lhe podia bradar do seu throno celeste:

— «*Levanta-te misero!*» E elle se erguêra mais são e robusto do que fôra durante as horas felizes. Mas o divino Regedor do visivel e invisivel já lhe tinha lavrado a sentença final.

E o poeta continuava a soffrer resignado ante o Deus Crucificado!

«Seus amigos!—raros—e seus vastos admirado-.
res, esqueciam-se a seu lado, dos cargos que lhé
eram confiados pelos governantes da nação, e bus-
cavam constantes sanar-lhe os fundos golpes que
lhe povoavam o corpo. Todos carpiam, e espera-
vam afflictos, o soluço extremo d'aquella existen-
cia brilhante, d'aquelle soberbo pharol que nos
allumiara a patria, com os reflexos immorredoi-
ros da sua grande intelligencia. Todos o chora-
vam e lhe apontavam olhares apaixonados e com-
padecidos ao seu leito de martyr,—e oravam si-
lenciosos, pedindo Áquelle que tem fechado na
déxtra divina o destino dos céus e dos mundos;
que terminasse as torturas, ao filho que tantas vezes
dedilhara a lyra harmoniosa, evocando-o em sen-
tidos hymnos, e vulgando os Seus preceitos, aos
entes que chafurdavam nos lameiros da desmo-
ralisação, e ignoravam que existe alem da vida,
um tribunal supremo, occupado por um juiz ine-
xoravel, que hade pezar os nossos actos nas con-
chas d'uma balança fiel.

E esse juiz ainda se não amerclava da sua dôr
despedaçadora, nem lhe dava a derradeira poisa-
da! Aquella alma queria morrer, mas Atropos não
chegara ainda com a thesoura cortante.

E o vate, alongava passo a passo, os olhos ex-

pirántes para a porta do aposento ! Que buscaria
elle encontrar com a vista no tenebroso recinto.?:
Que élo, o prenderia ainda á terra, que tanto lhe
custava deixal-a?! O que seria que lhe paralysava
a lingua, que não podia enviar o ultimo adeus ao
mundo? Faltaria-lhe algum ente idolatrado de
quem esperava o perdão d'algum acto mal-pen-
sado? Seria o remorso de ter quebrado algum ju-
ramento, feito ante aquella imagem divina que
tinha diante dos olhos? A lembrança d'alguem que
amara loucamente, e por quem se achava desam-
parado n'aquelle momento solemne? Algum do-
cumento guardado, que lhe manchava o manto
d'honra que o mundo civilisado lhe posera nos
hombros? Ralal-o-ia a impossibilidade de rasgar o
véu que occultava o fucturo da filha querida, a
quem breve ia legar aquelle grande nome, que
as nações mais civilisadas apregoavam como o de,
tantos homens d'intelligencia colossal; que pas-
saram ligeiros n'esta treva lamacenta, e desceram
á sepultura com a rapidez d'um metheóro? Se-
ria a lembrança da patria, onde via tanto que fa-
zer, e tão poucos filhos, que se esforçassem por
ella? Quem sabe?!... É muito provavel que todos,
estes pensamentos luctassem renhidos com o seu
espirito já quasi apagado !

Decorreram ainda alguns dias. O poeta pediu
aós amigos que o rodeavam, que lhe chegassem
aó leito todos os seus authográphos. Sendo-lhe
entregue immediatamente aquelle espantoso mo-
lhó d'originaes acabados e incomplectos, leu-ós
ligeira mas attentámente, e começou a despeda-ı
çar aquelles que não eram dignos de ser vistos
pelos seus vindouros, é foi colleccionando os que
podiam ser proveitosos á patria de quem se des-
pedia.

Feita a conscienciosa monda, entregou aquel-
le bello archivo, que não desdourava o seu enge-
nho explendidissimo, ao seu muito particular e
lacrymoso amigo D. Pedro de Brito do Rio, que
o visitava muito a miudo nos ultimos mezes da
sua vida.

Vendo depositados os seus queridos manus-
criptos n'um cofre tão seguro, e velado por uma
alma sincera cómo era a de D. Pedro, descançou
mais, dos cuidados que o prendiam a esta selva
insondavel.

A presença da «filha idolatrada» limou-lhe tam-
bem quasi até ao amago o elo que lhe amparava
o espirito extenuado.

Deus annunciou-lhe por fim o momento fatal,
pela visão horrivel da morte, que ja estivera so-

bre sua estancia, e se affastara para elle fazer o
legado do seu thesouro litterario, e do nome egre-
gio que estava prestes a ir aos braços da posteri-
dade

A morte alevantara-se enfurecida do seu escon-
derijo, e fôra pousar á porta do moribundo!

«Não póde mais o coração c'oa vida;
«E lenta a morte c'o enfezado sangue
«Caminho vem do peito. O espaço mede
«Que lhe resta na arena da existencia;
«Perto a barreira viu... Ahi jaz o tumulo.

(GARRETT.—*Camões.*)

## XVI

A quadra outonal corrria ligeira para o fim da
vida, como o poeta das *Folhas Caidas.* Qual ex-
pirára mais cedo ; o poeta ou o outono? A qual
restavam mais dias de existencia? Era um mysterio,
e mysterios de Deus só a Deus é dado conhecel-
os. Ao animal que falla e pensa, que ora e blas-
phema, só os revela o porvir!—o porvir se acaso
não o tragam primeiro as fauces da terra!

Era o dia 9 de Dezembro de 1854, —dia de

acerbas tristezas para tantos portuguezes leaes—
dia que ha de ficar gravado em lettras indeleveis
na historia da nação que se ufana de ter visto
nascer e morrer, o inspirado cantor da «maior al-
ma que deitou Portugal.»

A casa do moribundo estava fechada e silen-
ciosa como a ermida do deserto, onde nem se
faz ouvir o esvoaçar do morcego em derredor da
alampada amortecida, pela falta d'alimento.

Bateram as 6 horas da tarde.

De repente a casa soffreu um estremeção vio-
lentissimo, que parecia produzido por uma d'es-
tas tempestades que voltam as arvores com as
raizes para o céu, e desboronam os edificios mais
fundamente baseados. Os gonzos das portas e ja-
nellas, rangeram com lugubres gemidos. Subita-
mente abriu-se a porta, como impelida por um
tufão proceloso!

Era a morte que entrava no aposento, fazendo
recuar todos os que rodeavam o leito!

O poeta enclinou os olhos sobre os do disci-
pulo; apertou com frenesi a cruz do Christo so-
bre o peito extenuado e arquejante; e deixou
pender a fronte; como a flor beijada por um raio
de sol abrasador!

—'Amorim, apertou nos braços aquelle corpo ina-

nimado, e murmurou soluçando, com o rosto
sulcado de lagrimas:
«Partes meu querido mestre?!... Não me
desampares ainda, que já sinto fugir o estro que
mè accendeste!... Partes?!... E quem ha de ente-
zar alem do teu ultimo soluço, as cordas da mi-
nha pobre lyra?!... Que poderei cantar agora?!...
A saudade?... a tua morte?... oh! mas a sauda-
de cantastel-a tu, e a tuà morte não terei eu ani-
mo de a cantar, porque será a morte do meu es-
tro!»—!* (1)

Todos choravam, todos soffriam, todos; mas
quão dilacerante não erá o soffrimento do des-
consolado poèta que ficava sem mestre e sem
protector?!... Sim... Que sons poderia exhalar a
desconcertada lyra do discipulo, vendo sua mãe
quasi a dar o *arranco extremo!!?* Uma nénia,
uma elégia funebre, um canto de consternação,
uma saudade, e finalmentè as grandezas d'alma e
d'espirito do agigantado successor de Camões?!!...

Oh! mas tudo era triste; e a lyra lêda e apai-
xonada do poeta que soluçava com o moribundo
nos braços, transformar-se-hia, talvez para sem-
pre! —em alaùde de morte!

_____

(1) Veja-se nota no fim...

«O mestre não ouvira já, ou não podéra respon-
der ao leal coração que o interrogava! Inclinou-
se, olhou todos quantos se achavam no aposento,
tremulos e chorosos, e apertando a cruz n'um es-
treito abraço, murmurou por entre um suspiro
anciado e ruidoso: — *Já o não vejo...*

E foram estas as suas derradeiras palavras!...

Ouviu-se um gemido longo e doloroso em todos
os extremos da habitação, e um ecco parecido com
o estalo d'uma mola, de fino aço!

Era a morte que despedaçava aquelle coração
privilegiado

«Onde gemeu amor, carpiu saudade» — e a
princeza das lyras que estalava para despertar o
mundo do lethargo ocioso, e pedir-lhe que a po-
sesse patente aos olhos das gerações futuras.

Os raios do sol que haviam de acalentar o
poeta durante a vida, tinham-se escondido de
vespera nos fundos abysmos do occidente; assus-
tados com o Austro outonal, que trazia em suas

azas o annunció d'alguns dias de chuva copiosa!
O sol não tinha de apparecer mais na sua vida! ᵎ


Caiu o homem grande, ergueu-se a estatua da
immortalidade!

Pouco depois de se evaporar aquella alma e
subir aos pés de Deus, só se ouvia na luctuosa
habitação a oração sancta de duas irmãs de cari-
dade, que o encommendavam ao Senhor, e o so-
luçar do homem que lhe servira d'esteio nos
ultimos momentos da existencia, — e sentira
com verdadeira dôr d'alma, o violento estremes-
são que lhe dera a morte para saccudir o corpo
na terra, e levar a alma a um logar, ignorado
por aquelles que se despedem das mundanidades
tempestuosas, e dos que ficam na terra para os
admirar nas obras que deixaram.

§

Dois dias depois, isto é, na segunda feira 11
de Dezembro, foi condusido o cadaver do viscon-

de d'Almeida Garrett, ao cemiterio dos Prazeres, pelos seus amigos; — e depositado no jazigo da illustre familia de D. Francisco do Rio de Menezes parente affastado do fallecido.

Entre varias deputações, representantes de sociedades litterarias, e artisticas, acompanhavam o feretro, os srs. Alexandre Herculano, Antonio Feliciano de Castilho, Luiz Augusto Rebello da Silva, Antonio Pereira da Cunha, Silva Tulio, D. Pedro de Brito do Rio? Epiphanio Aniceto Gonçalves, e João Nepomuceno de Seixas, — lente de historia do Conservatorio Real de Lisboa. Este ultimo, já no caminho da morada dos mortos, lançando a mão, a um dos cordões do caixão, e ficando atraz, banhado em lagrimas, exclamou compungido:

«Eu não ajudo nada, antes elle é que me guia; eu ainda depois da sua morte me guiarei por elle!» (1)

Pelo caminho todos queriam ajudar a levar á regelada estancia, aquelle corpo frio, onde já correra muito sangue portuguez, e tão puro como o recebera do seio de sua virtuosa mãe.

Todos queriam tomar o peso ao involucro da

(1) Veja-se nota no fim.

grande alma.que.se evaporava com ocontacto da dor. Todos queriam ter as honras de levar á derradeira.pousada o inspirado reformador das lettras portuguezas!

"Chegando o cortejo funebre próximo do cemiterio, parou um momento para descanço dos que condusiam o caixão, — depois... começando de novo a mover-se o pomposo saimento,

«Na estancia entrou das gerações extinctas.»

Em seguida as tropas que estacionavam no campo, deram algumas descargas de artilheria e de mosqueteria.

Pousado o caixão juncto do tumulo, e rodeado pelo numeroso sequito, pertencia ao sr. Alexandre Herculano subir á pedra, e orar primeiro, mas recusando-se a isso o illustre litterato, tomou o logar o sr. Antonio Feliciano de Castilho, mas foi pouco afortunado na sua oração. Pasmados todos os ouvintes ante a frieza do poeta das *Primaveras*, e começando muitos a murmurar dá sua pouca inspiração, disse Castilho que não es-

ALMEIDA GARRETT      18

tava prevenido para aquelle acto solemne. (1) Isto desgostou fortemente alguns dos amigos do defuncto.

Seguiu-se a este o sr. Silva Tulio, que se mostrou intimamente compungindo, ao fallar no poeta. Fez uma pequena oração, mas com palavras de tanto valor, e proferidas com tal sentimento, que penetraram em todos os corações! Depois orou o sr. Vieira da Silva, em nome da associação typographica, cuja corporação representava.

Descendo este da pedra sepulchral, subiu Luiz Augusto Rebello da Silva, triste mas inspirado, e fez um brilhante discurso, que arrancou lagrimas a todos!

As lagrimas corriam a torrentes pelas faces dos ouvintes; e a dor era geral, porque a palavra cadenciosa de Rebello, era capaz de as ir buscar aos olhos mais estereis, n'aquelle momento de saudade pungente!

Quando este fecundo orador, chegou ao meio do discurso, disse com aquelle enthusiasmo saudoso, que tinha ardendo no coração: *Inclinemonos!* Todos se dobraram então diante do cadaver, não do visconde, mas sim, do cantor de Camões e Jau.

(1) Veja-se a nota no fim.

Estando as ceremonias do enterro no fim, chegou proximo da sepultura, por entre o grupo, o estimado poeta to Palmeirin, e recitou com aquella cadencia que se conhece no seu estilo do H. Mendes Leal, o outro do finado, o sr. Gomes d'Amorim.

§

Achava-se ali o corpo diplomatico, selheiros d'estado, e o ministerio,— presidente do conselho, que [...] a ultima homenagem aos [...] [...] que tanto trabalhou [...] pelo sr. Osorio da Pena, que era governador civil de Lisboa.

Rebello da Silva, disse no fim de te improviso, estas palavras, que [...] sou factos da litteratura portugueza [...] que se escutaram — [...] d'Almeida Garrett. — Ah, é[...] glorioso, vive João Baptista d'Alme [...] Eis aqui o resumo do [...] inguez, do grande poeta, do [...] do orador gigante, do [...]

Estando as ceremonias do enterramento quasi no fim, chegou proximo da sepultura, e rompeu por entre o grupo, o estimado poeta Luiz Augusto Palmeirim, e recitou com aquella harmoniosa cadencia que se conhece no seu metro, uma poesia do sr. Mendes Leal, e outra do discipulo do finado, o sr. Gomes d'Amorim.

§

Achava-se ali o corpo diplomatico, muitos conselheiros d'estado, e o ministerio; só faltava o presidente do conselho, que mandara prestar a ultima homenagem aos restos mortaes d'aquelle que tanto trabalhara em favor da sua patria, pelo sr. Conde da Ponte, que era n'essa epoca governador civil de Lisboa.

Rebello da Silva, disse no fim do seu brilhante improviso, estas palavras, que já são indeleveis nos fastos da litteratura portugueza, e nos corações que as escutaram — Aqui jaz o visconde d'Almeida Garrett! — Ali, á luz d'aquelle astro glorioso, vive João Baptista d'Almeida Garrett!»

Eis aqui o resumo do saimento do nobre portuguez, do grande poeta, do litterato distincto, do orador gigante, do honrado estadista, do homem, finalmente, que necessitara como disse, D. João d'Azevedo, de se curvar para atravessar o maravilhoso colosso de Rhodes.

E nós que estimamos as suas obras, se proferimos com respeito o seu nome, curvemos-nos também reverentes ante essa columna gigantêa, porque somos ante ella, os reptis mais infimos, que já gosaram os beijos do sol!

§

Almeida Garrett desceu á sepultura, com uma saudade que lhe pungiu fortemente a alma nos seus ultimos dias. Deixava ficar vasia uma das lacunas mais espaçosas do livro, da nossa litteratura d'este seculo.

Não pensando muitas vezes — (como é de mortaes!), — que a morte nos ataca d'improviso e nos fulmina quando somos roidos pelo descuido, comprometteu-se a escrever um livro, que pelo assumpto que tinha de celebrar, indicava ter de ceifar mais loiros na republica das lettras, do que todos quantos escrevêra atéli, que são inquestionavelmente os braços mais fructiferos da arvore litteraria da nossa terra. Fallou em muitas reuniões de homens instruidos, n'essa obra que lhe fervia no cerebro, ardente, desde que socegou, das luctas e das emigrações, até pouço antes de morrer.

O livro, era a historia das revoluções politicas em Portugal, que começaram em 1820, e terminaram aquasi, pelo triumpho da liberdade em 1834.

Disse o poeta no prologo d'uma das suas obras que o desempenho d'essa commissão, era para elle um poncto de honra, porque estava prommettido por um quasi Juramento; mas infelizmente, não o pôde conseguir o cuidadoso escriptor. Antes de lhe dar começo, cerrou-lhe a morte aquelles olhos de brilho penetrativo, que deviam descobrir os quadros da guerra, que foram apagados pelo desapparecimento, d'aquelles «que em contenda injusta pereceram.»

Não pôde cumprir o seu promettimento, não; mas ao menos ficamos com a satisfação de não ouvirmos dizer aos seus contemporaneos e posteriores, que deixou um só momento de escrever, para se entrégar a trabalhos inuteis á patria que o viu erguer o braço de soldado, para varrer a zumbidora bofetada do despotismo!

Honra ás tuas cinzas, bardo sem emulo contemporal! Descança tranquillo, que a tua patria nunca moverá os labios para te chamar ingrato! Descança que jámais se extinguirá na Europa, o nome e a memoria saudoŝa, do poeta que soube pagar a divida nacional ao desditoso Camões!

NOTAS

Á

BIOGRAPHIA

# NOTAS

## BIOGRAPHIA

#### DO

### visconde d'Almeida Garrett

---

#### NOTA I—*Pag.* 59

«Que arrancara em idade mais verde.»

O *Retrato de Venus* diz o poeta que o escreveu aos dezessete annos, e d'esse tempo até a epoca em que o deu á imprensa não cançou de lhe fazar emendas, e de as pedir a homens doutos e instruidos com quem tractava, entre as quaes haviam algumas do sr. S. Luiz.

Faço esta nota para que algum conhecedor da materia não diga que é enexacta a epoca da feitura do primeiro poema que Garrett deitou ao mundo litterario.

D'esse tempo são tambem algumas poesias lyricas que o poeta publicou muitos annos depois no livro das *Flores sem Fructo* e nas *Folhas Caidas*, quando as castigou com a sua varinha magica.

## NOTA II — *Pag.* 70

### «Por esta occasião, Outubro de 1821, etc.»

Encontrei ultimamente um documento, que póde taxar de anachronica esta minha affirmação. Diz, que o julgamento do poeta, teve lugar em Outubro de 1822. No entanto, eu não me atrevo a retirar este capitulo do logar onde o colloquei primeiro: se algum leitor estiver mais orientado do que eu n'este poncto da vida do meu heroe, peço-lhe o especialissimo obsequio de escrever á margem as emendas; e de m'as trazer depois para eu corrigir esta falta na segunda edição, se acaso este opusculo chegar a tel-a. Aquelle nada que souber sobre este assumpto, aconselho-o a que leia primeiro esta passagem, e que volte depois a encadear a historia onde melhor lhe convier, porque estou convencido que não operará grande transformação no livro, nem tampouco lhe raspará o que elle encerra de bom, ou o merecimento, que porventura chegue á alcançar do respeitavel publico para quem o escrevi.

Conheço que se não deve perdoar a quem escreve primeiro a historia de ámanhã, do que a de hoje; mas divergem tanto ás vezes os apontamentos, e erram as memorias dos que relatam factos que nem a todos foi dado presenciar, que caimos abraçados a elles, no atoleiro do rediculo. E depois os que lidam no baixo campo da litteratura, ao passo que elles nas veigas chãs sentem a brisa tepida e deliciosa beijar-lhe os labios, e brincar-lhe com o cabello, são os que ouvem a pé firme, as accusações nem sempre justas da opiniao publica que os espreita successivamente com seus olhos inquisi-

«Regado pelos detestaveis Cangos, etc.»

Consta que Garrett emigrou por causa da sua farça, julgo que imitada de Franco. Correndo por amor, em que trabalhava nesse tempo, quando o marcha ... lho theatro do Bairro-alto; e entre ... garam a publicar-se, por causa do ... do poeta, d'entre os mancebos enthusiastas ... em acção as peças que apresentava. Far ... cebeu, pela maior parte, os que trabalharam ... e constancia para o conservarem no ... seas mais consideradas na critica, que toda ... leitura dos seus opusculos, e a representação ... gnifica tragedia de Catão.

O poeta comtudo não cedeu a ... outros amigos naturalmente mais ... das margens do extenso Tamisa.

«Almeida Garrett, ...

toriaes, procurando descobrir em todos os escaninhos, um vaso onde verta o pús da maledicencia.

## NOTA III — Pag. 79

«Regado pelos detestaveis Caligulas modernos, etc.»

Consta que Garrett emigrou por causa da comedia politica, ou farça, julgo que imitada do Francez, que se intitulava *Corcunda por Amor*, em que rediculisòu sem dó os homens d'aquelle tempo, quando a mandou representar no velho theatro do Bairro-alto; e outros escriptos que não chegaram a publicar-se, por causa do repentino affastamento do poeta, d'entre os mancebos enthusiastas que lhe punham em acção as peças que elle apresentava. Foram estes mancebos, pela maior parte, os que trabalharam com vontade e constancia para o conservarem no reino, e aquellas pessoas mais consideradas na côrte, que tinham apreciado a leitura dos seus opusculos, e a representação d'aquella magnifica tragedia de *Catão*.

O poeta comtudo não cedeu a todos esses rogos por que outros amigos naturalmente mais intimos, lhe acenavam lá das margens do extenso Tamiza.

## NOTA IV — Pag. 84

«Almeida Garrett, se acaso não lhe passou os

limites,—nem trabalhou. com mais constancia, foi de certo mais proveitoso ao paiz, etc.»

Escrevendo estas linhas não tive em vista depreciar aqella soberba epopèa *Eurico* do Sr. Alexandre Herculano, por que éa melhor prosa que conheço n'aquelle genero, nas modernas lettras.

Não busco tambem esquivar-me com aquellas palavras indiscretas talvez!— a confessar a sua vasta intelligencia, e o respeito devido ao seu nome illustre, que é proferido com assombro, e apregoado com admiração pelos melhores cultores da idéa, que ainda nos dão signaes de existencia nas fileiras da perfeição litteraria, e outros que já sentiram cerrar-se o tumulo sobre seu corpo, para descançarem das fadigas da vida no leito da eternidade.

Dou aqui plena satisfação ao dignissimo commandante do actual exercito litterario de Portugal, para que não me julgue capaz de tamanho atrevimento. O meu intento foi sómente pôr acima de todos os poemas modernos o *Camões* de Almeida Garrett, porque a minha consciencia assim m'o segredava quando traçava aquelle periodo, como agora que alinhavo estas notas.

Faço esta declaração, não para me desdizer do que fica escripto, mas provar o respeito que tributo ao grande historiador a quem devo uma parte do nada que sei,—se é possivel fazer divisão nos meus poucos conhecimentos litterarios.

## NOTA V— *Pag.* 86

«O folhetinista mais elegante e consciencioso,

que floresceu no tempo do creador de Fr. Suei-
ro»

Disse, que Antonio Pedro Lopes de Mendonça foi o me-
lhor folhetinista contemporaneo de Garrett, assim como sus-
tento hoje que até agora ainda não appareceu um competi-
dor áquellas poucas mas bellas paginas, que nos legou.

Não quero dizer que estamos hoje sem bons folhetinistas
porque os ha ahi credores de muito respeito entre os quaes
realçam mais os nomes de Teixeira de Vasconcellos, Pinhei-
ro Chagas, Cesar Machado, Eduardo Vidal, Eduardo Coelho,
e outros, que manejam a penna com destreza n'esse genero
de litteratura que tão enraizada está hoje entre nós.

### NOTA VI—Pag. 101

«Já com os sete cantos completos do poema
D. Branca».

O magnifico romance de Garrett, D. Branca, aquelle subli-
me episodio epico das passadas luctas entre christaos e
mouros, que firmou entre nós a convenção poetica da
actualidade, saiu a primeira edição de Pariz, distribuido em
sete cantos apenas.

Vinte e dois annos depois, o poeta guiado por conselhos
d'alguns homens doutos, que nunca despresou durante a sua
vida litteraria, e do seu maravilhoso pensamento, estando na
Cruz-quebrada desmanchou aquelle livro que tanto accendeu a
revolução que se travou nas lettras em 1826, e ajuntando-

lhe alguns centos de versos, sem com isso lhe rasparias pri-
mitivas belezas, levou-o a dez cantos, explicando mais cla-
ramente o rasgo da chronica d'onde o arrancara e dando-
lhe ao mesmo tempo mais volume e elegancia.

Com este livro foi que Garrett, fingindo-se morto para
não ser perseguido pelo governo que então dominava a pa-
tria, comdemnou pela maior parte as imagens da mythologia
grega que até essa epoca inçava a poesia em toda a parte,
dizendo ao abrir o poema:


«Aureos numes d'Ascreu, ficções risonhas
«Da culta Grecia amavel, crença linda,
«De Venus bella, Venus mãe de d'amores
«Brincões, travessos: — do magano Jove
«Que do setimo céu atraz das moças
«Vem andar a correr por este mundo,
«Ja niveo touro, já dourada chuva,
«Já quanto mais lhe apraz,— de Baccho alegre,
«Do louro Apollo, e das formosas nove
«Castas irmãs que nos vergeis do Pindo
«Tecem aos sons da lyra ecternos carmes;
«Gentil religião, teu culto abjuro,
«Tuas aras profanas renuncio:
«Professei outra fé, sigo outro rito,
«E para novo altar meus hymnos canto.

«Disse adeus ás ficções do paganismo
«E christão vate, christãos versos faço

«N'esta composição—diz Garrett—seguiu-se visivelmente

o exemplo de Wieland ao Oberon, todo é
é tirado das fabulas populares, campo é pou
cioaaes.»


NOTA VII— Pag. 140


«Dedicou-o ao seu muito particular
tonio Joaquim Freire Marreca, etc.»


D'este amigo, é que falla o poeta no poema
Conher:

«Certo amigo na angustia, que um
«Myrradores que a vida ...
«Adoçaste o amargo ...
«Dextra cavaste á roda ...
«Cravo que o gyro ...
«Ali, a quem a vida que ...
«Em desalento, em ...
«Ati minhas endeinas ...
«Nas solidões do exil... ...
«Os ermos echos do ...
«Ati meus versos ...
«Quebrada sobre o ...
«Inda languidos sons ...
«Que a teu fiel ...
«Lembrar da patria, e ...

Vej-se o começo do poema, e ...

o exemplo de Wielland no Oberon; todo o seu maravilhoso é tirado das fabulas populares, 'crenças' e preconceitos nacionaes.»

NOTA VII— *Pag.* 103

«Dedicóu-o ao seu muito particular amigo, Anᵗᵒ tohio Joaquim Freire Marreco, etc.»

D'este amigo, é que falla o poeta no principio do poema *Camões:*

«Certo amigo na angustia, que aos tormentos
«Myrradores que a vida me entravavam
«Adoçaste o amargor, e com benigna
«Dextra, cavaste á roda do infortunio·
«Cravo que o gyro barbaro lhe impeça
«Ati, a quem a vida que se me ia
«Em desalento, em desconforto, devo, ›
«Ati minhas endeixas mal cantadas ·
«Nas solidões do exilio, onde as repetem
«Os ermos echos de estrangeiras gruttas,
«Ati meus versos consagrei na lyra
«Quebrada sobre o escolho da desgraça,
«Inda languidos sons desfere amédo,
«Que a teu fiel ouvido vão memorias,
«Lembrar da patria, e recordar do amigo.

Veja-se o começo do poema, e nota correspondente.

## NOTA VIII— *Pag.* 105

«Parece-me que não incendiou a cubiça dos habitantes das terras de Santa Cruz.»

Quando 'escrevia aquellas paginas, não tinha noticia de que houvesse contrafacção brazileira d'este livro, mas affirmou-me ha pouco tempo o sr. Jacome Serra, estudioso moço paulista, que viu mais d'uma edição d'élle, feita no imperio.

## NOTA IX—*idem*

«Empregado n'uma casa de commercio parisiense, etc.»

Escrevi este periodo informado por um emigrado companheiro do poeta, que não esteve em Paris, mas em Ruão, e que se correspondia com elle. Lembra-me agora que li não sei se no *Braz Tizana,* que Almeida Garrett esteve effectivamente empregado n'uma casa commercial em França, mas no Havre de Graça, e não na capital. Esta noticia julgo que vem confirmada no livro das *Memorias de Litteratura Contemporanea* de Lopes de Mendonça, escriptor que eu muito respeito.

## NOTA X— *Pag.* 140

«Querido e acatado pelos homens de coração, que são, etc.»

Estas palavras que ponho na bocca do povo desembarca nas praias do Mindello, não tahem da imaginação. Mas constado presumo que realmente desfructas de verdade, porque é de o pensamento do nobre sentido do timbre cional, não se affastavam muito da missão elei quem não soaren bem estas phrases, dou-lhes que não as leiam, porque pouco ou nada gastam e nenhuma affronta me fazem.

Deixem-me ao menos o prazer de as gozar gosto muito d'ellas, e como todos sabem, ha livro que só eu os poderei interpretar, por o clareza com que os apresenta, lealmente sentir tade.

## NOTA XI—Pag. 146

«Mas não pôde tomar ...»

Estou certo que entre as assumpções publicas fizeram ao poeta, hão de haver alguma le não chegou a exercer, eu sempre accertar. Se os não aceitou [...] quiz, o que é fóra de duvida, [...] bre taes assumptos existem [...] trados entre os papeis, que se [...] de Garrett.

## NOTA XII—Pag. 147

«Até José Estevão, o proprio José [...]

Estas palavras que ponho na bocca do poeta, quando elle desembarca nas praias do Mindello, são inteiramente filhas da imaginação. Mas comtudo presumo que não serão totalmente destituidas de verdade, porque é de supper que os pensamentos do nobre soldado do dador da carta constitucional, não se affastassem muito da minha ideia. Aquelles a quem não soarem bem estas phrazes, dou-lhes de conselho que não as leiam, porque pouco ou nada perderão com isso, e nenhuma affronta me fazem.

Deixem-me ao menos o prazer de as gravar aqui, porque gosto muito d'ellas, e como todos sabem, ha bocados n'este livro que só eu os poderei interpetrar, por causa da pouca clareza com que os apresento, bastante contra a minha vontade.

### NOTA XI—*Pag.* 146

«Mas não póde tomar conta d'esse cargo, etc.

Estou certo que entre as nomeações que os poderes publicos fizeram ao poeta, hão de haver alguns cargos que elle não chegou a exercer, em consequencia de não os poder acceitar. Se os não acceitou foi por que não pôde ou não quiz; o que é fóra de duvida, é que de tudo quanto digo sobre taes assumptos existem documentos que foram encontrados entre os papeis, que se revolveram depois da morte de Garrett.

### NOTA XII—*Pag.* 148

«Até José Estevão, o proprio José Estevão, etc.»

Hade, alguem dizer que eu tentando fazer apologia? dos dois gigantes da tribuna portugueza, aprezento Garrett abraçado á lua ao passo que ponho—talvez sem rasão alguma! —José Estevão de bruços, applicando o ouvido sobre a terra, em observação, do que se passa na raiz dos seus fundamentos. Dirão que é demasiada a altura em que ponho Garrett, e desmedida a baixeza em que mostro o seu maior émulo; não é tanto assim! Apesar de pôr sem hesitação, no lugar merecido, os dotes de Garrett, não deixo de confessar o merecimento de José Estevão de Magalhães. Este fica com a gloria da sua eloquencia, e Garrett com todas as suas grandezas litterarias e oraes.

Os que tomarem á má parte esta minha dedicação pelo contrabandista da palavra *desapontamento*, palavra que campêa de fronte altiva nas nossas lettras, Almeida Garrett, façam de mim o juizo que entenderem, por que não me zango, seja qual elle for. Mas obrigado pelo dever, a pór o meu peito por escudo ao nome do poeta direi com um dos mais exforçados athletas da revolução litteraria de 1865 e 1866, —*A tout Seigneur, tout honeur.*

### NOTA XIII—*Pag.* 240

### «Digo parece-me etc.»

É esta uma das passagens do meu livro em que mais forçado me vejo a titubear.

Diz-se que Almeida Garrett pediu a sua demissão de ministro, a S. M. a rainha, por aquella Augusta Senhora se recusar a dar apoio a assignar um tractado que elle fez entre Portugal e a França.

### NOTA XIV—

«O estimado poeta dos ...

Declaro que não ...

### NOTA XV—

«E a rua de Sancta ...

Garrett, morreu na rua ...

### NOTA XVI—

«Será a morte do meu ...

ALMEIDA GARRETT

NOTA XIV—*Pag.* 249

«O estimado poeta dos *Cantos*, etc.»

Declaro que não presenciei estas scenas que descrevi—talvez com alguma liberdade de pensamento—porque n'essa epoca ainda eu não tinha completado mais do que quatro annos, e apenas sabia o caminho que conduzia ao eido do visinho que tinha as uvas mais maduras do que as do meu quintal, que eram mais azedas do que as propias azedas!

Não presenciei, digo, as scenas a que se refere esta nota, mas conhecendo todos os laços d'amizade que ligaram sempre Amorim ao seu mestre, creio que ninguem lançará máos olhares sobre os quadros em que os mostro junctos. É certo que quando um amigo vê o amigo intimo em estado perigoso, tem a restricta obrigação de velar por elle;—principalmente, se o enfermo está n'uma isolação de affagos, como aquella que Garrett exprimentou nos seus ultimos tempos de vida.

NOTA XV—*Pag.* 250

«E a rua de Sancta Izabel, etc.»

Garrett, morreu na rua de Sancta Isabel n.º 78.

NOTA XVI— *Pag.* 267

«Será a morte do meu estro, etc.»

Hão de dizer alguns conhecedores do assumpto que estou tractando, que eu transpuz os raios da moderação

e da verdade, descrevendo situações da morte do poeta, que
pouco conheçço, e mettendo expressões na bocca d'alguns
personagens que figuram n'ella, sem previa auctorisação das
que existem. A esses direi que essas pequenas fallas são ex-
trahidas pela maior parte dos versos do proprio Amorim, e
poucas alterações soffrem na passagem do verso para a pro-
sa.

NOTA XVII — *Pag.* 270

«Eu não ajudo nada, antes elle é que me guia,
etc.

Estas palavras foram effectivamente pronunciadas pelo
antigo lente do Conservatorio Real, quando começou o sai-
mento. Disse que o defuncto era que o guiava, porque sendo
o Sr. Seixas inteiramente cego, seguia a direcção do acom-
panhamento, amarrado a um dos cordões do caixão, que lhe
pertenceu.

No caminho muitos amigos lhe quizeram tomar o cordão
que apertava, mas o cego illustre não consentiu, e acompa-
nhou o feretro até o cemiterio dos Prazeres.

Esta sublime dedicação do sr. João Nepomoceno foi mui-
to bem recebida por todos os que foram prestar as ultimas
honras ao falecido coryphêu das lettras portuguezas.

NOTA XVIII—*Pag.* 272

«Que não estava prevenido para aquelle acto.»

Até custa a crer que o erudito traductor dos *Fastos de*

Ovidio não tivesse inspiração

dose á borda do sepulchro

era Garrett — do sepulchro

lyra mais laureada em Portugal

homerica de Luiz de Camões.

Diz, creio que, Chand, que

momentos os vôos de

re inteiramente as lyras mais

do com o sapiente

a razão ao traductor de *Tortol*

então é elle muito mais

sental-o os que lidam

poesia rachytica. Se

é mais poeta do que

tar, foi o sentimento que

melhor silenciar durante

boa um Ganges de lagrimas

nisto estava uma sepultura

que nessa occasião estava

Garrett.

NOTA ULTIMA

Nestas memorias biographicas,
mais notaveis do poeta. O
muitas mais, tragedias, dramas,
nas comedias que foram representadas
ares, conheço essas producções
desnecessario põr aqui o catalogo
quaes comedias que

*Ovidio* não tivesse inspiração para cantar um threno saudoso á borda do sepulchro recem-aberto, d'um poeta como era Garrett — do sepulchro que ia encerrar para sempre a lyra mais laureada em Portugal, depois que estalou a harpa homerica de Luiz de Camões.

Diz, creio que Uhland, que a morte do poeta corta por momentos os vôos dos filhos da mesma religião, e emmudece inteiramente as lyras mais ternas. Estando nós de accordo com o sapiente philosopho allemão, devemos dar toda a razão ao traductor de *Tartufo e Medico á Força*, por que então é elle muito mais poeta, do que desejam por ahi apresental-o os que lidam, como eu na litteratura calva, e na poesia rachytica. Se effectivamente o nosso bom Castilho é mais poeta do que dizem os litteratores que acabo de citar, foi o sentimento que o abafou, e lhe disse que era melhor silenciar durante aquelle acto, do que tornar Lisboa um Ganges de lagrimas! — sim porque o distincto latinista cavava uma sepultura de saudade, em cada peito que nessa occasião estava voltado para o jazigo do grande Garrett.

## NOTA ULTIMA

N'estas memorias biographicas, só dou parte das obras mais notaveis do poeta. O infatigavel escriptor começou muitas mais, tragedias, dramas, poemas, romances. e algumas comedias. que foram representadas em reuniões familiares; conheço essas producções pela maior parte, mas julgo desnecessario pôr aqui o catalogo de todas ellas. Duas pequenas comedias que correm impressas fóra da collecção, intitulam-se *Fallar verdade a mentir,* e *Cada terra com seu uso; cada roca com seu fuso.*

Sobre ortographia, ainda se não resolveu qual d'ellas é mais conveniente. Ha tantas que não sabemos qual se deve tomar de preferencia. Ha pouco quem a siga á risca, e por isso tambem eu abuso muito n'este poncto.

Erratas são numerosas as que tem o meu livro. Abstenho-me de as pôr aqui por que não quero fazer tanto de erratas como de notas. Dou comtudo trez que mais julgo necessarias. A primeira é para que não me chamem propheta, e é, a pag. 196, onde se lê 1942, leia-se 1842: a segunda para que se fique sabendo o titulo d'um pequeno romance de Garrett, e vem a ser: pag. 215 onde se lê *Myragia,* leia-se *Myragaia:* a terceira é para declarar que não sou carpinteiro pag. 217, onde se lê *aparas* leia-se aparar.

## FIM.

sumir, « Caiu tmu con sua

n não saulvou qual Velas
: que ella estessas qklã is li-
b pame quam à siga à rios, o
nko d'nde punda.

que ba e ma fern. Abetu-
a ello quero fuer tolla de re-
miula loue que mais julgo ne-
que mhã ras chamos paphela,
Polt, bin-m Hith? : a segunda
tulo d'um papames ronnec te
15 onde se li Seraquir, lim-se
ixhsor que nko mm capúnbiro
im-se queme

de Almeide Garrett.
W.T. Wood (1873)